Arthur Thömmes

Best of! 222 Tipps für meinen Schulalltag

… und das Lehrer*innenleben wird einfacher!

Wir haben uns für die Schreibweise mit dem Sternchen entschieden, damit sich Frauen, Männer und alle Menschen, die sich anders bezeichnen, gleichermaßen angesprochen fühlen. Aus Gründen der besseren Lesbarkeit für die Schüler*innen verwenden wir in den Kopiervorlagen das generische Maskulinum. Bitte beachten Sie jedoch, dass wir in Fremdtexten anderer Rechtegeber*innen die Schreibweise der Originaltexte belassen mussten.

In diesem Werk sind nach dem MarkenG geschützte Marken und sonstige Kennzeichen für eine bessere Lesbarkeit nicht besonders kenntlich gemacht. Es kann also aus dem Fehlen eines entsprechenden Hinweises nicht geschlossen werden, dass es sich um einen freien Warennamen handelt.

1. Auflage 2023

Autor*innen: Arthur Thömmes
Covergestaltung: annette forsch konzeption und design, Berlin
Illustrationen: Corina Beurenmeister, Steffen Jähde, Hendrik Kranenberg, Stefan Lohr, Trantow Atelier
Satz: tebitron gmbh, Gerlingen
Druck und Bindung: Druckerei Joh. Walch GmbH & Co. KG
ISBN 978-3-403-**08788**-5

www.auer-verlag.de

Inhalt

EINLEITUNG

Liebe Kolleg*innen,

nach über 40 Dienstjahren bin ich nun im Ruhestand angelangt. Ich blicke zufrieden auf meine lange Zeit als Lehrer, Fachleiter und Referent bei vielen Fortbildungsveranstaltungen zurück. In einer Vielzahl an Praxisbüchern und anderen Veröffentlichungen konnte ich Unterrichtsmethoden, Arbeitsblätter, Spiele und Ideen zu digitalen Medien für meine Kolleg*innen festhalten.

Meine im Laufe der Jahrzehnte entwickelte pädagogische Konzeption einer zeitgemäßen Lernkultur umfasst vier Bausteine, die auch in dieses Buch einfließen:

* problemlösungsorientiertes und ganzheitliches Lernen
* eigenverantwortliches und selbstgesteuertes Lernen
* kooperatives und kollaboratives Lernen
* handlungsorientiertes und kreativ-produktives Lernen

Lehrer*innen sollten ihr Handwerk gut verstehen und gut anwenden können. Das ist neben einer fundierten fachlichen und didaktischen Ausbildung eine wichtige Grundlage für ein zufriedenes Unterrichten. „Gutes Werkzeug, gute Arbeit" lautet ein Sprichwort. Bei einer Lehrkraft, der die Ideen ausgehen und die Jahr für Jahr nur noch altbewährte Unterrichtsmaterialien und -methoden auflegt, droht der Unterricht zu einer routinemäßigen Pflichtveranstaltung zu werden. Dass die Motivation und Aktivierung der Schüler*innen dabei auf der Strecke bleiben, ist nicht verwunderlich. Damit der Unterricht immer wieder eine spannende Sache bleibt, sollten Lehrkräfte mit allen Sinnen durch die Welt gehen, um so immer wieder interessante Anregungen für ihren Unterricht zu entdecken.

Das Lehrbuch allein genügt nicht. Die Unterrichtsvorbereitung kann zu einer spannenden ganzheitlichen Entdeckungsreise werden – das gilt übrigens für alle Fächer. Und so bleibt der Unterricht zeitgemäß und aktuell!

Aber es geht im Schulalltag nicht nur um Unterricht, sondern auch um die

Menschen, die den Lern- und Lebensraum Schule gestalten: das Kollegium, die Schulleitung, die Klassengemeinschaft, die Schüler*innen, die Lehrer*innen, die Eltern, die Sekretär*innen, die Hausmeister*innen usw. Sie alle tragen dazu bei, dass sich alle wohlfühlen und eine gute Atmosphäre in der Schule herrscht. In der Klasse sollte nicht nur das Lernen in Form von Aneignung von Wissen im Vordergrund stehen, sondern auch das soziale Lernen und das persönliche Wohlbefinden jedes*jeder einzelnen Lehrenden und Lernenden.

Dieser Band bietet insgesamt 222 Tipps und Ideen für den Schulalltag. Viele sind bekannt, manche auch neu von mir konzipiert. Die Tipps werden kurz beschrieben und stellen Impulse dar, die von den Kolleg*innen selbst in ihrem Unterricht umgesetzt werden. Dabei ist es immer wichtig zu fragen: Passt die Methode zu der Lerngruppe, zu dem Thema und zu mir selbst?
Die Impulse betreffen nicht nur den Unterricht, sondern auch das soziale Lernen in der Klassengemeinschaft. Außerdem geht es um Achtsamkeit, Ruhe und Konzentration. Dazu bietet der Band ebenfalls einige Ideen sowie Übungen. Der Person der Lehrkraft ist ebenfalls ein Kapitel gewidmet. Dabei stehen neben dem Unterricht vor allem die Gesundheit und das Wohlbefinden des*der Lehrenden und der Lernenden im Blick.

Wegen der Fülle der Anregungen habe ich den Band in mehrere Kategorien unterteilt, die sich aber teilweise überschneiden. Ich hoffe, dass dies bei der Suche hilfreich ist. Und trotzdem hat das Buch einen kleinen Schwerpunkt. Durch den Prozess der digitalen Transformation hat sich Unterricht in den letzten Jahren verändert. Das betrifft nicht nur die digitalen Medien, sondern auch die Methoden und Lernformen. Dazu hat besonders die Zeit der Coronapandemie mit dem notwendig gewordenen Online- und Hybridunterricht beigetragen. In manchen Schulen kam es zu grundlegenden Veränderungen der digitalen Ausstattung.
Viele Kolleg*innen stellen sich die Frage, wie die Digitalität in die konzeptionelle und methodische Unterrichtsplanung und die konkrete Durchführung einfließen kann. In vielfältigen Fortbildungsangeboten können Lehrkräfte ihre digitalen Kompetenzen erweitern und in ihrem Unterricht anwenden. Natürlich gibt es immer noch Schulen, deren WLAN-Anbindung schwach ist oder überhaupt nicht zur Verfügung steht. Doch vieles ist in diesem Bereich in Bewegung und macht Mut,

Schule nicht nur neu zu denken, sondern auch zu gestalten. Wichtig ist dabei vor allem ein Blick auf die Kompetenzen, die entsprechend angepasst und erweitert werden müssen.

Immer wieder sollte die Lehrkraft beim Einsatz neuer Ideen und Methoden vor allem die Lernenden im Blick behalten. Die eigene Rolle als Lehrer*in ändert sich und bedarf einer innovativen und kreativen Grundhaltung, um neue Wege des Lehrens und Lernens einzuschlagen.

Ich hoffe, dass ich mit den in diesem Band vorgestellten 222 Tipps viele Impulse geben und Ihren Unterricht im Sinne einer zeitgemäßen Bildung bereichern kann.

Ich wünsche Ihnen eine gute und zufriedene Zeit!

Arthur Thömmes

Haftungsausschluss, datenschutzrechtliche und allgemeine Hinweise

Alle genannten Internetlinks wurden zum Zeitpunkt der Druckfreigabe noch einmal getestet und funktionierten. Es kommt jedoch immer wieder vor, dass einzelne Links abgeschaltet werden oder zu einer anderen Quelle führen. Informieren Sie sich bei allen Programmen / Tools vorab immer in den Datenschutz- und Nutzungsbedingungen der jeweiligen Anbieter*innen über die Bedingungen und klären Sie ggf. mit der Schule / dem Schulträger, ob eine Nutzung im schulischen Kontext gestattet ist. Für registrierungspflichtige Dienste kann die Schule E-Mail-Konten für die Schüler*innen bereitstellen, damit diese nicht ihre privaten Adressen verwenden. Falls ein Tool die Eingabe von Namen verlangt, sollten diese auf jeden Fall pseudonymisiert werden.

ANKOMMEN & EINSTEIGEN

Unterrichtseinstiege haben einen nicht zu unterschätzenden Einfluss auf den Verlauf der gesamten Unterrichtsstunde. Hierbei geht es nicht nur darum, Interesse zu wecken, die Lernbereitschaft zu fördern und um die thematische Hinführung und Motivierung, auch das ganzheitliche Ankommen in der neuen Unterrichtssituation sollte die Lehrkraft im Blick behalten. Dabei bieten sowohl die Persönlichkeiten der einzelnen Schüler*innen als auch die Gruppendynamik Anhaltspunkte für einen passenden Einstieg.

Digitaler Stuhlkreis mit Flinga

Das Browsertool *https://flinga.fi* bietet in seiner einfachen Handhabung eine ansprechende Möglichkeit für einen digitalen Stuhlkreis. Dazu legt die Lehrkraft eine Session für die Klasse an und teilt den Link, welcher seine Gültigkeit für das gesamte Schuljahr behält. Während des Unterrichts begeben sich die Schüler*innen mit Smartphones und Tablets auf die entsprechende Seite. So kann das Whiteboard für viele Unterrichtsphasen genutzt werden. Beim digitalen Stuhlkreis wählt jede*r Schüler*in das Symbol „Person" und trägt den eigenen Namen ein. Das Symbol wird automatisch mit Namen angezeigt. Alle haben Zugriff auf das Symbol und ordnen sich in Form eines Stuhlkreises an. Mithilfe der Formen und Texte können weitere Eingaben vorgenommen werden (z. B. Brainstorming, Positionierung, Pro und Kontra).

Gefühlsbarometer

Besonders zu Beginn einer Unterrichtsstunde herrscht zuweilen ein Gefühlschaos, das man als eintretende Lehrkraft nicht einordnen kann. Auf einem Gefühlsbarometer, das gut sichtbar im Klassenraum befestigt ist, können die Schüler*innen ihre „Gefühlstemperatur" eintragen. Eine Alternative bietet die Ampel (Mir geht es momentan … rot ☹ gelb 😐 grün ☺).

Mit Klammern oder Magneten können die Schüler*innen ihre Befindlichkeit benennen. Ein Blick auf das Gefühlsbarometer bietet für die Lehrkraft einen Hinweis auf das zu erwartende Arbeitsklima. Entsprechend kann sie situativ den Unterrichtsverlauf gestalten.

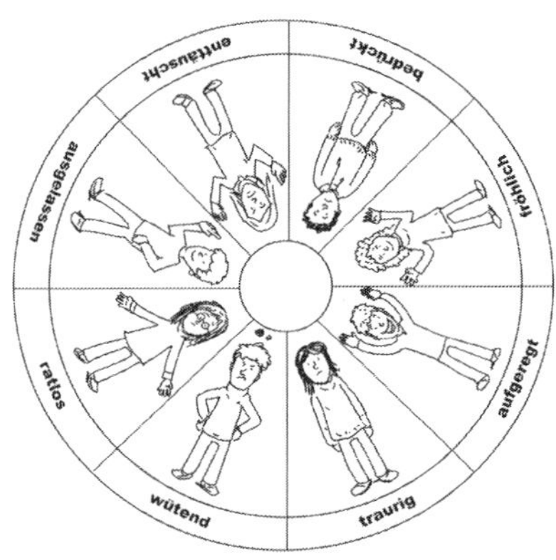

Wie geht es dir?

Eine einfache Frage, die schon zu Beginn einer Unterrichtsstunde zeigt, dass Sie als Lehrkraft die Lernenden wahrnehmen und an ihnen und ihren Gefühlen interessiert sind. Natürlich sollte die Frage nicht zu einer Floskel werden. Und natürlich dürfen auch die Lernenden die Lehrkraft nach ihrer Befindlichkeit fragen. Doch Achtung: Unterricht ist keine Selbsterfahrung und die Schulklasse keine Selbsterfahrungsgruppe!

Was gibt es Neues?

Diese Frage zeigt ebenfalls Interesse an der Klasse und vor allem an den gruppendynamischen Prozessen, die durch bestimmte Situationen oder Erlebnisse ausgelöst werden. Hier kann die Lehrkraft als geduldige Zuhörerin die Möglichkeit anbieten, aktuelle Themen zu benennen. Ein offenes Ohr für die Freuden und Nöte einer Klassengemeinschaft wirken sich auf das Unterrichtsgeschehen aus. Außerdem trägt es zu einem guten Klassenklima und einer motivierenden Arbeitsatmosphäre bei.
Vorsicht: Klassenangelegenheiten sind in erster Linie Aufgabe der Klassenleitung! Das Verhalten von Kolleg*innen sollte besser nicht kommentiert werden.

Brainstorming digital

Eine Wortwolke bietet eine anschauliche Möglichkeit für einen thematischen Einstieg. Wortwolken lassen sich zum Beispiel schnell mit dem Tool Mentimeter *https://www.mentimeter.com* umsetzen. Die Lehrkraft erstellt vorab die Vorlage mit einer thematischen Frage. Die Schüler*innen erhalten den generierten Code und tragen mithilfe ihres Smartphones/Tablets auf *https://www.menti.com* ihre Ideen ein. Nach und nach entsteht eine ansprechende bunte Wortwolke. Dabei wäre es möglich, dass die Lernenden bereits zu Hause ihre Ideen eintragen.
Die Seite *https://www.wortwolken.com* bietet weitere interessante Möglichkeiten, mit Wortwolken im Unterricht zu arbeiten, wobei die Schüler*innen nicht nur inhaltlich, sondern auch kreativ arbeiten können.

Wie lautet das Problem?

Zu Beginn des Unterrichts ist eine gute und intensive Problematisierungsphase hilfreich für die weitere thematische Erarbeitung und Vertiefung. Denn nur wer weiß, worum es geht, kann motiviert mitarbeiten. Hier sollte die Lehrkraft darauf achten, dass niemand zurückgelassen wird. Um zur Auseinandersetzung mit einem Problem hinzuführen, sind unterschiedliche Medien (These, Kurzfilm, Bild, Illustration, Song, Provokation, Problemfrage, Sachtext usw.) möglich. Diese Unterrichtsphase sollte schüler*innenorientiert gestaltet sein und eine gewisse Spannung erzeugen, damit sich die Schüler*innen motiviert mit dem Thema beschäftigen. Als Ergebnis der Problematisierungsphase können zum Beispiel kurze Videosequenzen (Smartphone) mit der Leitfrage „Wie lautet das Problem?" produziert werden.

Körperübungen

Haben die Schüler*innen bereits einige Unterrichtsstunden hinter sich und die Luft im Klassenraum ist dünn geworden, ist es hilfreich, eine kurze Auszeit für das körperliche und psychische Wohlbefinden einzulegen. Dazu stellen sich alle hin und bewegen sich zunächst kurz im Klassenraum. Die anschließenden Körperübungen können ganz einfach und doch effektiv sein: gähnen, laut durchatmen, sich strecken, hüpfen, auf einem Bein stehen usw. Manchmal genügt eine bewusste kurze Auszeit, um einmal tief ein- und auszuatmen. Die Vorbereitung und die Durchführung der Aktivphasen können abwechselnd von den Schüler*innen übernommen werden.

Expertenvortrag

Bei der Planung einer Unterrichtsreihe setzen sich einzelne Schüler*innen bereits mit einer Problem- oder Fragestellung auseinander und bieten in einem kurzen Expertenvortrag eine Hinführung zum Thema der Unterrichtsstunde. Dabei geht es nicht darum, das komplette Thema umfassend zu erläutern, sondern durch eine gute Problematisierung in das Thema einzuführen. Bei diesem entdeckenden und forschenden Lernen können die Lernenden selbst vielleicht sogar ihre Mitschüler*innen für das Thema begeistern.

Begrüßungsrituale

Rituale schaffen eine gewisse Routine und vermitteln Sicherheit. Das kann zum Beispiel das Aufstehen sein, dem sich ein kurzer Moment der Stille und eine Begrüßung anschließen. Es bieten sich viele Variationen an: Alle blicken in die Runde und lachen sich freundlich an. Dabei können die Schüler*innen ihre persönlichen Begrüßungsrituale einbringen.

Zitatimpulse

Zu jedem Thema haben sich Menschen Gedanken gemacht. Manche haben ihre Gedanken in prägnanten Texten entfaltet. Und so findet sich für jedes Fach eine Vielfalt an Zitaten. Bei diesem thematischen Unterrichtseinstieg werden die Zitate auf Karten geschrieben und ausgelegt. In einer Art Gallery Walk betrachten die Schüler*innen zunächst die Texte und suchen sich schließlich ein Zitat aus. In der einfachsten Form können sie das eigene Zitat vorlesen und es kommentieren. In einer erweiterten methodischen Form können sie ein Placemat oder ein Think-Pair-Share gestalten.

Spinnennetz

Nach den Ferien oder nach einer mehrtägigen schulfreien Zeit kann die folgende Übung hilfreich sein, um wieder im Unterricht anzukommen. Dazu braucht es nur einen Wollknäuel. Die Lehrkraft wirft den Knäuel zu einem*einer Schüler*in und verknüpft den Wurf mit einer Frage. Diese kann sich auf das Thema der letzten Unterrichtsstunde beziehen oder persönlicher Art sein („Beschreibe dein aktuelles Befinden mit einem Wort."). Ist die Frage beantwortet, wirft die Person den Frageknäuel weiter an eine*n Mitschüler*in. Nach und nach entsteht ein Netz, das an der Decke / Wand befestigt werden kann. Der Knäuel kann in einer Art Konzentrationsübung wieder aufgewickelt werden. Der beschriebene Vorgang läuft rückwärts ab.

Ein Kopfstand hilft weiter

Die Kopfstand-Methode ist eine effektive Möglichkeit eines kreativen Brainstormings. Dabei geht man davon aus, dass es bei einer Problemlösung, Ideenfindung und kritischen Auseinandersetzung mit einem Thema manchmal hilfreich ist, die Frage einfach auf den Kopf zu stellen. Die Ausgangsfrage lautet: „Was könnten die Menschen tun, um die Situation zu deeskalieren?" Auf den Kopf gestellt würde die Frage lauten: „Mit welchen Mitteln könnten die Beteiligten die Situation noch mehr verschärfen?" Die gesammelten Ideen werden einfach wieder umgedreht.

Wachmacher

In den Wintermonaten, in denen Lehrkräfte und Lernende morgens in der Dunkelheit meist noch müde zur Schule kommen, erscheint es sinnvoll, methodische Wachmacher zur Aktivierung zu nutzen. Ein kleiner Energizer fordert die Multitasking-Fähigkeiten heraus. Es werden Vierergruppen gebildet. Ein*e Schüler*in steht in der Mitte und muss möglichst spontan die unterschiedlichen Fragen der anderen beantworten. Zum Beispiel: Person 1 stellt leichte Rechenaufgaben, Person 2 fragt nach Gegenständen mit bestimmten Farben im Raum und Person 3 schneidet Grimassen, die die Person in der Mitte imitieren soll. Und das alles gleichzeitig! Da kommt Bewegung in den Raum und unter Umständen wird es ein wenig laut.

Packt mal euer Smartphone aus!

Statt der Aufforderung das Handy einzupacken, könnte die Aufforderung zur Arbeit mit dem Smartphone gut ankommen. Dabei gibt es eine Vielzahl an digitalen Tools, die beim thematischen Unterrichtseinstieg motivierend wirken können. Die Werkzeuge bieten sinnvolle Hilfen beim Sammeln von Ideen oder zum Aktivieren von Vorwissen. Ideen sammeln und abstimmen kann man beispielsweise mit *https://www.tricider.com* oder *https://answergarden.ch*. Das Whiteboard *https://webwhiteboard.com* wird nach 24 Stunden gelöscht.

Lustiges

Eine Unterrichtsstunde mit einer lustigen Anekdote oder mit einem Witz zu eröffnen kann durchaus sinnvoll sein, um die Stimmung zu heben. Gemeinsames Lachen hat nicht nur eine entlastende Funktion und einen gesundheitlichen Aspekt. Lachen ist ein wirksames Stärkungsmittel. Es stärkt die Atmung, den Sauerstoffaustausch, die Muskelaktivität und führt zu einer vermehrten Ausschüttung des aufputschenden Hormons Adrenalin. Also: Lachen ist gesund. Lachen ist Medizin. Dabei ist zu beachten, dass Humor eine sehr individuelle Sache ist. Was die eine Person als lustig empfindet, ist für die andere nur Blödsinn oder flacher Humor. Also ist bei dieser besonderen Methode ein gewisses Fingerspitzengefühl angebracht, denn es kann auch daneben gehen!

Eine Minute Stille

In besonders unruhigen Klassen kann eine einfache Routine dabei helfen, Ruhe zu schaffen. Die Aufgabe besteht darin, 60 Sekunden eine totale Ruhephase einzulegen. Ein*e Zeitnehmer*in hat die Aufgabe, mithilfe der Stoppuhrfunktion auf dem Smartphone die Ruhezeit zu stoppen. Falls jemand in dieser Zeit ein störendes lautes Geräusch verursacht, beginnt die einminütige Ruhezeit von vorn. Die Übung endet, wenn die angestrebte Zeit erreicht ist. Erfahrungsgemäß bedarf es einiger Zeit, bis sich manche Schüler*innen darauf einlassen können. Aber wenn es geschafft ist, kann diese Übung zu einem effektiven Klassenritual werden.

In einer Variante, die die Konzentration fördert, sollen die Schüler*innen einschätzen, wann eine Minute zu Ende ist. Alle schließen die Augen und die Lehrkraft gibt ein Startzeichen. Die Lernenden heben die Hand, wenn sie denken, dass die Minute beendet ist. Die Lehrkraft gibt Rückmeldung, wer am besten geschätzt hat.

Vorwissen spielerisch aktivieren

Die Schüler*innen bewegen sich langsam im Klassenraum. Die Lehrkraft nennt eine Zahl (z. B. drei) und die Schüler*innen finden sich möglichst schnell in Dreiergruppen zusammen. Die Lehrkraft stellt eine Frage zur letzten Unterrichtsstunde und die Kleingruppen unterhalten sich darüber. Nach kurzer Zeit beginnen eine erneute Bewegung im Raum, eine Gruppenbildung und eine Aufgabenstellung.

Lügendetektor

Die Lehrkraft stellt mehrere Thesen auf, die in der letzten Unterrichtsstunde behandelt wurden. Darunter sind falsche oder unvollständige Aussagen, die die Klasse entlarven soll. Die Lernenden können auch selbst solche Aussagen vorbereiten und vorstellen.

Positionierung

Der Klassenraum wird mit seinen Ecken genutzt, um unterschiedliche Meinungen und Positionen als Einstieg in eine Problemfrage zu visualisieren. Dabei können zum Beispiel Ecke A die Extremposition „da bin ich total dagegen" und Ecke B „das ist total richtig" symbolisieren. Die Schüler*innen können sich nun zwischen den beiden Polen positionieren. Sie können sich mit den Nahestehenden austauschen. In einer digitalen Version kann beispielsweise das Tool *https://flinga.fi* genutzt werden, um die Positionierung darzustellen. Dabei können die Lernenden ihre Wahl schriftlich begründen.

Sprechende Bilder

Bilder bieten durch ihre Anschaulichkeit eine anregende Möglichkeit, Assoziationen zu einem festgelegten Thema anzuregen. Dazu legt die Lehrkraft eine Auswahl an Fotos, Bildern und Illustrationen aus. Die Schüler*innen schauen sich in Ruhe alle Bilder an. Die Aufgabe besteht darin, ein Foto auszuwählen, das sie in irgendeiner Form anspricht. Alle stellen ihre Auswahl vor und begründen diese. Dazu kann beispielsweise auf der Seite *https://pixabay.com* gezielt durch Eingabe von Begriffen nach Bildern gesucht werden.

Wörtercollage

Zum Ankommen in der Unterrichtsstunde am Wochenbeginn nennt jede*r Schüler*in nur ein Wort. Es sollte ein Begriff sein, der am vergangenen Wochenende eine persönliche Bedeutung hatte. Das kann ein Gefühl, eine Person, ein Erlebnis, ein Essen, eine Angst, ein Glück, ein Film usw. sein. Wenn alle einverstanden sind, kann die Wortcollage bzw. Wortwolke visualisiert werden. Es handelt sich bei der Übung um ein Blitzlicht, das eventuell eine entlastende Funktion haben könnte. Entsprechend wird nicht darüber diskutiert. Die Übung kann als Ritual vor allem zum Wochenbeginn oder nach den Ferien genutzt werden.

Smalltalk

Im Unterricht sitzen die Schüler*innen sehr lang auf ihren Stühlen. Ab und zu ist es förderlich für den Lernprozess, wenn sie sich im Raum bewegen können, zum Beispiel bei einem Smalltalk. Die Methode eignet sich in allen Unterrichtsphasen mit unterschiedlichen Schwerpunkten. Zum Einstieg in einen Themenbereich bewegen sich die Lernenden zunächst im Klassenraum. Ein wenig Musik im Hintergrund kann die Atmosphäre fördern. Auf ein Signal hin finden sich zwei Personen zusammen und unterhalten sich über eine vorgegebene Fragestellung. Die Zeit wird festgelegt (z.B. eine Minute). Danach ertönt wieder das Signal und die Lernenden bewegen sich weiter im Raum. Der Smalltalk wird anschließend mehrmals wiederholt. Smalltalk bedeutet zwar ein lockeres Plaudern, bei dieser Methode liegt der Schwerpunkt aber auf einem intensiven Austausch und Gespräch über ein Thema. Das Gehen kann das Nachdenken sowie das Vor- und Nachbereiten fördern.

Songimpulse

Populäre Musik will nicht nur unterhalten, sondern kann durch Melodie, Rhythmus, Arrangement und Text dazu motivieren, sich mit einem bestimmten Thema auseinanderzusetzen. Zwar gibt es viele sinnentleerte Songs, bei genauer Betrachtung und Recherche finden sich aber zu vielen Themen unterschiedlicher Fächer (z. B. Ethik, Religion, Sozialkunde, Deutsch) Anregungen für die persönliche und unterrichtliche Aufarbeitung. Die beste Quelle dafür sind die Lernenden selbst. Sie sind die Expert*innen für aktuelle Musik. Natürlich kann die Lehrkraft auch selbst einen Titel einbringen.

Es geht dabei vor allem um Impulse und eine kritische Auseinandersetzung mit der Botschaft des Songs (Um welches Thema geht es? Welche Gefühle weckt der Song? Wofür oder wogegen bezieht der Song Stellung?). Es sollen keine Liedtexte seziert oder überinterpretiert werden. Als Einstieg kann die Lehrkraft zum Beispiel Schlüsselbegriffe aus dem Lied vorstellen und Assoziationen sammeln. Anschließend wird der Song angehört und besprochen. Bei der Arbeit mit dem Medium Musik kann es manchmal unruhig werden, denn: Musik ist Geschmacksache!

Stell dir vor, du bist ein ...

Die Schüler*innen sollen sich bei diesem Kennenlernspiel gegenseitig mit bildhaften Vergleichen vorstellen. Ein Beispiel: „Ich stelle mir vor, ich wäre eine Gitarre. Ich beherrsche viele Musikrichtungen: Mal erklingen gefühlvolle Klänge, mal produziere ich rockige Musik. So wirke ich auf andere Menschen, mal leise und behutsam, dann wieder laut und bewegt."

Die Lehrkraft stellt verschiedene Beispiele vor, damit die Schüler*innen lernen, wie der Vergleich aussehen kann. Die Möglichkeiten für die Vergleiche sind vielfältig: Möbelstück, Blume, Auto, Farbe, Tier, Gefühl usw. Dabei ist es wichtig, dass die Bilder erläutert und auf die eigene Person übertragen werden.

Fake News

Bei dieser hilfreichen und informativen Methode zum gegenseitigen Kennenlernen geht es um Wahrheit und Lüge. Dabei stellen sich die Schüler*innen gegenseitig vor, indem sie drei Dinge von sich selbst erzählen. Doch nicht alles, was erzählt wird, ist wahr! Es gibt zwei Fakten und eine Lüge. Die Mitschüler*innen versuchen herauszufinden, welche Aussagen der Wahrheit entsprechen und welche Aussage gelogen ist. Dabei ist es wichtig, dass die erzählende Person ihre Geschichten möglichst ernsthaft und überzeugend vorträgt. Die Ratenden versuchen, ihre Auswahl durch Argumente zu begründen. Die Lüge wird am Ende aufgedeckt. Die Übung bietet viele spannende Einblicke in das Leben der Schüler*innen. Die Lehrkraft beteiligt sich ebenfalls.

Interviews

Die Schüler*innen finden sich zu Paaren zusammen. Beide sollen in kurzer Zeit möglichst viel voneinander erfahren. Dazu interviewen sie sich gegenseitig und stellen alle möglichen und unmöglichen Fragen. Dabei geht es vor allem darum, möglichst interessante Dinge aus dem Leben zu erfahren. Notizen können hier hilfreich sein. Die Interviews dauern jeweils fünf Minuten. Anschließend trifft sich die ganze Klasse zur Präsentation. Dabei stellen die Interviewer*innen ihre Interviewpartner*innen in jeweils 60 Sekunden vor. Wichtig ist bei dieser Kennenlernrunde, dass jede Person nur das erzählt, wozu sie bereit ist.

Memes

Ein Meme ist eine Kombination von Bild und Text. Dabei werden Fotos mit ironischen oder humorvollen Kommentaren versehen. So werden sie in einen neuen Rahmen und Zusammenhang gesetzt und erhalten einen anderen Sinn. Oft werden damit in satirischer Weise Missstände hintergründig kritisiert. Memes werden vor allem in den sozialen Medien genutzt und finden dort eine große Verbreitung. Im Unterricht gibt es unterschiedliche Einsatzmöglichkeiten. Mithilfe eines Memes kann in ein Thema eingeführt werden. Es dient dann als Problematisierung und als

Ausgangspunkt für eine tiefergehende Auseinandersetzung. Memes motivieren zum Gespräch und bieten einen großen Deutungsspielraum. Die Lehrkraft selbst kann ein solches Meme erstellen und einbringen. Es besteht aber auch die Möglichkeit, dass die Schüler*innen zu ausgewählten Bildern eigene Kommentare formulieren. Es bedarf einer guten Einführung und Auseinandersetzung mit einem Thema, damit die Lernenden das Problem herausarbeiten und formulieren können. Auf diese Weise können sie ihr kritisches Denken kreativ fördern. Im Internet finden sich einige Seiten mit guten Vorlagen, die bearbeitet werden können (*https://imgflip.com*, *https://makeameme.org*, *https://meinmeme.de*).

Glückskeks-Methode

Diese Methode eignet sich gut zur Problematisierung und Hinführung zu einem Thema. Dazu bereitet die Lehrkraft Glückskekse vor: Kekse mit kleinen Zetteln, auf denen etwas notiert ist und die mit einem Faden umwickelt werden. Jede*r Schüler*in zieht und öffnet einen Glückskeks. Die Regeln sind einfach umzusetzen: Die Lernenden bewegen sich im Raum, zeigen anderen ihren Zettel und kommen mit ihnen über den Impuls ins Gespräch. So entsteht ein lebendiger Austausch mit sehr unterschiedlichen Anregungen zu einer Fragestellung oder einem Thema. Die Impulse können kurze Thesen sein oder sie bestehen aus einer Frage, über die nachgedacht werden soll. Am Ende der Glückskeksaktion werden die Zettel für alle sichtbar an einer Pinnwand befestigt. Die Schüler*innen können sich nun über ihre Erfahrungen und über das, was sie gelernt haben und was sie bewegt hat, austauschen. Vielleicht ergeben sich daraus wieder neue Impulse und Fragestellungen.

Pecha Kucha

Die Schüler*innen gestalten ein Pecha Kucha als motivierenden Einstieg in ein Thema. Dabei handelt es sich um ein Vortragsformat, das seinen Ursprung in Asien hat. Die Präsentation besteht aus 20 Bildern, die jeweils für 20 Sekunden eingeblendet werden. Der*die Vortragende kommentiert die Bilder. Ein Text wird nicht eingesetzt. Der Vortrag sollte möglichst anregend und kurzweilig sein. Dabei steht nicht die Bildershow im Vordergrund, sondern die inhaltliche Kommentierung. Das kann zum Beispiel eine These oder Frage sein, wozu das Bild anregt. Die Schüler*innen

lernen bei dieser Methode, sich kurz zu fassen und sich auf die wesentlichen Aussagen zu konzentrieren.
Zunächst werden Teams gebildet, die einen Arbeitsplan entwickeln. Über Pixabay (*https://pixabay.com/*) oder Unsplash (*https://unsplash.com/*) wird nach Eingabe eines Begriffes eine Vielzahl an thematischen Bildern und Symbolen angezeigt. Die Schüler*innen betrachten die Vorschläge und einigen sich auf 20 Bilder, die sie für das Pecha Kucha nutzen wollen. Natürlich können auch eigene Fotos genutzt werden. Zu jedem Foto sammeln sie Impulse und formulieren Sätze. Eine alternative Planungsphase könnte so aussehen, dass sie zunächst einen Vortrag in 20 Teilaspekte gliedern und dann erst die passenden Bilder suchen. Dabei könnte ein Teilaspekt durch mehrere Bilder verdeutlicht werden. Für die technische Umsetzung bietet sich PowerPoint an. Dazu werden 20 Folien geöffnet und die Bilder eingefügt. Der automatische Wechsel der Folien wird auf 20 Sekunden eingestellt (Übergänge – Anzeigedauer – Nächste Folie: Häkchen bei „Bei Mausklick" entfernen und bei „Nach" setzen – 20 Sekunden als Zeitangabe eintragen). Anschließend wird der komplette Pecha-Kucha-Vortrag geübt. Die Gruppen präsentieren ihre Arbeitsergebnisse und bieten so viele unterhaltsame und anregende Informationen zu einem Unterrichtsthema.

Blitzlicht

Das Blitzlicht ist als spontane Äußerung eine einfache und schnelle Methode, um in ein Thema einzusteigen. Dabei stellt die Lehrkraft als Einstieg eine Frage oder gibt ein Thema vor. Die Lernenden können anschließend in ein bis zwei Sätzen ihre Gedanken, Assoziationen und Ideen äußern („Was fällt dir spontan zu dem Thema ein?"). Diese werden weder diskutiert, kommentiert noch bewertet.
Das Blitzlicht kann dazu dienen, Rückmeldungen zu geben und zu erhalten. Dabei können vorgegebene Satzanfänge bei der Formulierung hilfreich sein. Auch Befindlichkeitsrunden zu Beginn oder am Ende der Unterrichtsstunde können so schnell umgesetzt werden. Das Blitzlicht kann freiwillig oder nacheinander, sodass jede*r etwas sagen muss, erfolgen.

ABC-Ideensammlung

Als Grundlage für ein Brainstorming oder eine Ideenfindung zu einer Frage- oder Problemstellung dienen die Buchstaben das Alphabets. Dabei notieren die Schüler*innen in einer ABC-Tabelle ihre Assoziationen nach Anfangsbuchstaben. Sinnvoll ist eine zeitliche Vorgabe zum Ausfüllen. Die Methode lässt sich auch an der Tafel oder auf einem Whiteboard umsetzen. Online kann ein Etherpad genutzt werden, um die ABC-Ideensammlung durchzuführen. Die Ergebnisse werden präsentiert und schrittweise besprochen. Das kann einen längeren Zeitraum in Anspruch nehmen. Am Ende einigt sich die Lerngruppe auf einen Schlüsselbegriff pro Buchstabe. Abschließend können die am häufigsten genannten Wörter in einer Wortwolke dargestellt werden. Dazu gibt jede*r Lernende in einer Wortwolke (z. B. *https://www.mentimeter.com/*) seine*ihre Begriffe ein. Die Wortwolke ordnet die Wörter je nach Häufigkeit der Nennung in unterschiedlicher Größe an.

Die ABC-Methode kann außerdem in Form einer größeren Umfrage umgesetzt werden. Dazu werden ABC-Plakate mit genauer Aufgabenbeschreibung in der Pausenhalle ausgehängt. Eine einzige Pause wird bereits viele Ergebnisse bringen.

Netzwerk

Die Schüler*innen bilden mithilfe eines Wollknäuels ein Gedanken- oder Ideennetzwerk. Die Lehrkraft gibt zunächst eine Frage oder einen thematischen Impuls vor. Alle sitzen oder stehen im Kreis. Das Wollknäuel wird zum*zur ersten Schüler*in geworfen, während das Ende der Schnur festgehalten wird. Der*die Fänger*in äußert sich zum Impuls und wirft das Wollknäuel zu einer weiteren Person. So entsteht nach und nach ein Netz, das die Ideen und Gedanken miteinander verbindet. In einer weiteren Wurfrunde wird das Wollknäuel in der umgekehrten Reihenfolge geworfen und die Lernenden fassen dabei mit einem Wort die wichtigsten Aspekte der ersten Runde zusammen. Zudem fördert die Runde die Konzentration und Aufmerksamkeit. Die Methode eignet sich gut zum Einstieg, zur Wiederholung (beim Werfen Fragen stellen) oder als Kennenlernrunde. Es sollte darauf geachtet werden, dass beim Werfen und Fangen keine Unruhe entsteht. Als besonderer Effekt wird auf das Gedankennetz ein großer Luftballon gelegt, der gemeinsam immer wieder nach oben geworfen wird.

Stummer Impuls

Ein thematischer Unterrichtseinstieg muss nicht immer mit Worten geschehen. Zu manchen Themen bieten Gegenstände oder Materialien, die die Lehrkraft mitbringt, einen Impuls, der zu einem Thema hinführen soll. Das können Alltagsgegenstände sein, die einen aktivierenden Impuls setzen, oder ein Bild, eine Illustration, eine Karikatur, ein Wort oder eine provozierende These, die an die Tafel gehängt oder geschrieben werden. Die Schüler*innen betrachten den jeweiligen Impuls und formulieren dazu ihre Ideen und Assoziationen mündlich oder schriftlich. Dies kann in Form einer Redekette (Sitzplan) erfolgen. Die Äußerungen werden nicht kommentiert oder diskutiert. Mit der Methode wird das Vorwissen der Schüler*innen aktiviert.

Assoziationskette

Die Lehrkraft gibt einen Begriff oder ein Thema vor, zu dem die Lernenden spontan eine Assoziation äußern. Dazu wirft die Lehrkraft einem*einer ersten Schüler*in einen Ball oder einen anderen Gegenstand zu. Die Schüler*innen werfen sich dann den Ball kreuz und quer zu und nennen ihre Assoziationen. Wichtig ist, dass dabei Blickkontakt hergestellt wird und der Gegenstand gut zu fangen ist.
Diese Methode ist schnell durchführbar und für eine erste Ideenfindung zu einem Thema oder für die Erstellung eines Meinungsbildes hilfreich. Die Assoziationskette kann als Redekette genutzt werden, bei der das Gesagte aufgegriffen und weiterentwickelt wird (z. B. die Aneinanderreihung von Wörtern, Sätzen oder Bildern). Auch kann mit dieser Methode Schritt für Schritt eine Geschichte entstehen.

DIGITALE UNTERRICHTSTOOLS

Kinder und Jugendliche nutzen ihr Smartphone vor allem als Kommunikationsinstrument, um Nachrichten zu verfassen oder zu empfangen. Sie bewegen sich in sozialen Netzwerken, präsentieren sich und ihre Welt in Fotos und Videos. Sie schauen sich die neuesten Serien in Filmportalen an oder hören ihre Musik auf entsprechenden Musikplattformen.

Unsere Schüler*innen bewegen sich in einer digitalisierten Lebenswelt. Der Alltag ist geprägt von digitalen Handlungen und Medien.

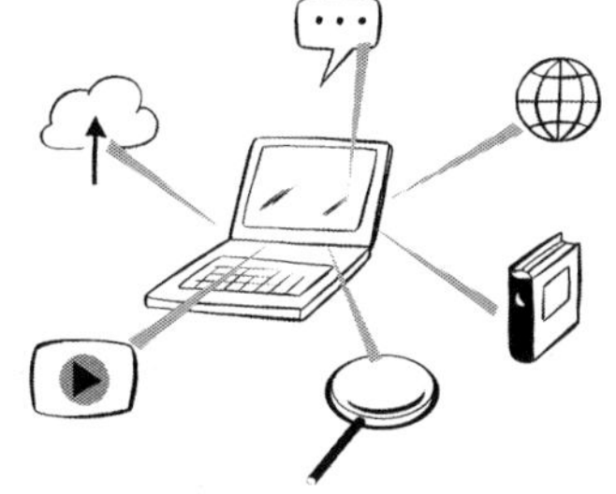

Der digitale Wandel in vielen Lebensbereichen und Arbeitsfeldern hat Konsequenzen für das Lehren und Lernen. Digitale Tools bieten mit den vielfältigen multimedialen und virtuellen Werkzeugen ganz neue Möglichkeiten, Unterricht ansprechend und zeitgemäß zu gestalten. Digitale Medien sind Werkzeuge und unterstützen das entdeckende Lernen. Sinnvoll und durchdacht genutzt können sie den Lernprozess unterstützen und fördern zudem die Motivation. Zum Arbeiten mit den Tools ist ein Smartphone, Tablet oder Computer notwendig. Für viele Tools gibt es kostenfreie oder günstige EduVersionen.

Digitale Werkzeugkiste

Die „Digitale Werkzeugkiste" (*https://padlet.com/ajoth1/lw122tw6u4oh*) ist eine umfangreiche Sammlung mit digitalen Tools für den Unterricht. Sie besteht aus drei Teilen und wird regelmäßig aktualisiert. Praxisnahe Tipps, Tutorials und Beispiele bieten konkrete Hilfen für den Einsatz digitaler Medien im Unterricht.

Quiztool Kahoot!

Unter den digitalen Medien sind bei den Schüler*innen Quizformate sehr beliebt. Sie verknüpfen Spielerisches und Inhaltliches und haben einen hohen Grad an

Aktivierung. Sie können zur Hinführung oder Vertiefung eingesetzt werden – oder einfach nur zum Spaßhaben. Zu den beliebtesten Tools zählt Kahoot! (*https://kahoot.com/de/*), das live als spielerischer Wettbewerb mit der ganzen Klasse gespielt werden kann. Die Lernenden erhalten dazu eine PIN, die sie auf der Seite *https://kahoot.it* eintragen. Es ist als Multiple-Choice-Test angelegt, bei dem jede*r zwischen den vorgegebenen Antworten auswählt und jeweils Punkte erhält. Das Quiz kann selbst erstellt oder ausgewählt werden.

Interaktive Lernbausteine mit LearningApps erstellen

Mithilfe des browserbasierten Tools *https://learningapps.org* können eigene interaktive Übungen erstellt oder bereits fertige Lernbausteine genutzt werden. Dabei stehen vielfältige Formate zur Verfügung, um das Lernen und Lehren zu unterstützen, zum Beispiel Paare zuordnen, Gruppenzuordnung, Lückentext, Millionenspiel, Wortgitter usw. Dabei können unterschiedliche multimediale Elemente (Text, Bild, Ton, Video) verwendet werden. Die Übungen ermöglichen eine gute Differenzierung durch eine individuelle Anpassung. Die Schüler*innen können zur Wiederholung und Vertiefung eigene Apps anlegen und untereinander austauschen. Die Plattform hat eine übersichtliche Struktur, sodass sich die Lernenden schnell zurechtfinden werden.

Lernen in kleinen Häppchen mit Learning Snacks

Die Internetseite *https://learningsnacks.de* bietet vielfältige Lernübungen zur spielerischen Erkundung eines Themas. Dabei können Fragen eingegeben und Antwortmöglichkeiten definiert werden. So können sich die Lernenden schrittweise in ein Thema einarbeiten. Die medialen Gestaltungsmöglichkeiten im Chatformat sind groß: Textfelder, Verlinkungen zu YouTube-Videos, Bilder, Videos, Texte. Fertige Snacks sind überall und jederzeit abrufbar und machen den Lernprozess sehr flexibel. Die Lernplattform kann kostenlos genutzt und durchstöbert werden.
Zur Erstellung eigener Snacks ist eine Registrierung notwendig, wobei die Lehrkraft einen Zugang für die Schüler*innen erstellen kann.

Erklärvideos mit Simpleshow gestalten

Simpleshow (*https://videomaker.simpleshow.com/de/*) bietet die ansprechende und leicht umsetzbare Möglichkeit, kurze Erklärvideos im Legestil online zu erstellen. Grundlage ist ein Drehbuch-Skript, dessen Text zunächst formuliert und eingegeben wird. Das Tool schlägt dann zu Schlüsselbegriffen Icons vor und teilt den Film in Sequenzen ein. In automatisierter Form wird zunächst ein Video vorgeschlagen, das aber überarbeitet und angepasst werden kann (Auswahl der Schlüsselbegriffe und Grafiken). So können Unterrichtsinhalte zusammengefasst oder Geschichten erzählt werden.

Ein E-Book erstellen mit BookCreator

Mit dem Tool BookCreator (*https://bookcreator.com*) können in der Browserversion kostenfrei bis zu 40 E-Books erstellt werden. Die Lehrkraft legt einen Account an und generiert Zugangsdaten für einzelne Schüler*innen, Teams oder ganze Klassen. Die Lernenden können individuell oder in Gruppen ein multimediales Buch mit unterschiedlichen Medien (Videos, Fotos, Texte, Kameraaufnahmen, Grafiken, Zeichnungen, Audios usw.) gestalten. Das Tool ist übersichtlich gestaltet und nach einer Einführung unkompliziert zu handhaben. Die fertigen Bücher können im EPUB-Format, als PDF-Dokument oder als Onlineversion exportiert werden. Übrigens steht BookCreator auch in einer iPad-Version zur Verfügung.

Lizenzfreie Bilder für Unterrichtsprojekte

Das Thema Urheberrechte sollte beim Einsatz digitaler Medien im Unterricht immer im Blick behalten werden. So sollte zum Beispiel das Recht am eigenen Bild immer wieder im Unterricht thematisiert werden. Bei der Verwendung und Veröffentlichung einer Bildaufnahme (z. B. in sozialen Medien oder einer Präsentation) muss die Einwilligung der abgebildeten Person eingeholt werden. Bei digitalen und interaktiven Arbeitsprodukten kann die Nutzung lizenzfreier Bildsammlungen hilfreich sein (z. B. *https://pixabay.com*, *https://unsplash.com*).

Mit Comics Geschichten erzählen

Eine Vielzahl an digitalen Tools bietet gute Möglichkeiten, eigene Comic-Storys zu entwickeln und zu gestalten. Die Geschichte wird zunächst in einem Storyboard gegliedert. Hier können Hinweise auf beteiligte Personen und Orte stehen und Texte formuliert werden. Dabei werden bereits Seitenlayout (Format, Größe, Form), Auswahl der Fotos, Sprechblasen, Gedankenblasen, POW-Effekte, Bildunterschriften usw. geplant. Zur Onlinenutzung bieten sich zwei digitale Werkzeuge an: *https://www.storyboardthat.com* und *https://www.pixton.com*. Auf ihren Smartphones finden die Schüler*innen ebenfalls entsprechende Apps.

Digitale Schnitzeljagd mit QR-Codes

Mithilfe von QR-Codes (z.B. auf Arbeitsblättern oder an einer Pinnwand) können die Lernenden mit dem Smartphone schnell zu verlinkten Inhalten und Materialien gelangen. QRCode Monkey (*https://www.qrcode-monkey.com/de/*) ist ein Generator zur schnellen Erzeugung von QR-Codes mit individuellen Farben und Designs. So kann zum Beispiel eine digitale Schnitzeljagd zur spielerischen Vermittlung von Lerninhalten erstellt und durchgeführt werden. Die QR-Codes führen die Lernenden zu den einzelnen Aufgaben und Informationen. Auch hier können die Schüler*innen unkompliziert eigene interaktive Lernszenarien entwickeln.
Mit Biparcours (*https://biparcours.de*) oder Actionbound (*https://de.actionbound.com*) können kreative digitale Schnitzeljagden und Lernparcours geplant und umgesetzt werden. Die Schüler*innen kombinieren Informationen, Aufgaben, Rätsel, Turniere, Umfragen und Geocaching auf der Suche nach neuen Erkenntnissen. Die interaktive Schnitzeljagd eignet sich gut zur spielerischen Vermittlung von Lerninhalten.

Ideensammlung mit AnswerGarden

Mithilfe des webbasierten Werkzeugs *https://answergarden.ch* können die Lernenden in Echtzeit gemeinsam Ideen sammeln, Feedback geben oder eine kurze Umfrage erstellen. Ein kollaboratives Arbeiten kann schnell umgesetzt werden. Es ist sofort und ohne Registrierung nutzbar. Die Eintragungen werden in Echtzeit als Wortwolke dargestellt.

Die digitale Pinnwand TaskCards

Die Onlineplattform TaskCards (*https://www.taskcards.de*) ist eine digitale Pinnwand, auf der Informationen, Aufgaben und Unterrichtsmaterialien gesammelt und bereitgestellt werden können. Sie kann als Pinnwand, Tafel, Weltkarte, Zeitstrahl oder Blog gestaltet werden. Eine Karte kann dabei aus Texten, Bildern, Links oder Dateianhängen bestehen, die farblich unterschiedlich gestaltet werden können. Das Besondere für die Nutzung im Unterricht ist die Möglichkeit von differenzierten Aufgabenstellungen durch individuelle Vergabe von Berechtigungen (Lesen, Schreiben, Verweigert). Einzelne Karten können kommentiert oder bewertet werden (Like, Daumen, Smiley, Sterne). Es werden unterschiedliche Lizenzen bei TaskCards angeboten.

Interaktive Umfragen mit Mentimeter

Mit dem Onlinetool *https://www.mentimeter.com* können Umfragen intuitiv gestaltet und in Echtzeit durchgeführt werden. Verschiedene Umfrageformate wie Multiple Choice, Word Cloud, Skalen, offene Fragen, Bildwahl, Ranking, Matrix usw. können schnell erstellt werden. Die Schüler*innen erhalten einen Zugangscode, den sie auf *https://www.menti.com* eingeben. Anschließend können sie ihre Eintragungen vornehmen und die Ergebnisse werden für alle sichtbar. Einsatzmöglichkeiten im Unterricht sind zum Beispiel die Durchführung eines Brainstormings zu einem Thema oder eines Feedbacks zum Unterricht. Neben den Fragen können Folien mit Texten oder Bildern eingefügt werden. Der Zugangscode zu einer Umfrage ist zwei Tage gültig, was die Handhabung flexibel macht.

Digitale Tafel

Neben der Tafel im Klassenraum bietet eine interaktive Tafel viele Möglichkeiten der Unterrichtsgestaltung. Das browserbasierte Werkzeug auf der Seite *https://ladigitale.dev/digiscreen/* bietet vielfältige Möglichkeiten für den Unterricht: QR-Code, Text, Bild, Zeichnen, Dokumente, Audio, Video, Wortwolke, Ordnen, Lückentext, Zufallsgenerator, Würfel, Stoppuhr, Uhr, Kalender usw. Der Hintergrund der digitalen Tafel kann individuell gestaltet werden. Mithilfe eines Beamers kann die Tafel eingeblendet werden. Die gestaltete Tafel kann dann exportiert und nach dem Import weiterbearbeitet werden.

Eine Schreibwerkstatt mit Etherpad gestalten

Mit den webbasierten Texteditoren *https://zumpad.zum.de* und *https://yopad.eu* kann kollaboratives Schreiben schnell und unproblematisch umgesetzt werden. Mehrere Personen können also gleichzeitig an einem Text arbeiten, wobei die Änderungen sofort für alle sichtbar werden. Wer die Internetadresse kennt, kann mitarbeiten. Die verschiedenen Schreiber*innen (Name kann eingesetzt werden) sind durch unterschiedliche Farben erkennbar. Der Arbeits- und Chatverlauf wird gespeichert und kann nachträglich betrachtet werden. Nicht nur eigene Texte können so gemeinsam geschrieben werden, auch bestehende Texte können überarbeitet oder kommentiert werden. Vor der Nutzung eines Etherpads sollten Regeln festgelegt und besprochen werden.

Internetrecherche

Da viele Schüler*innen das Internet zur Recherche nutzen, ist es wichtig, in die Technik der Internetrecherche einzuführen. Dabei gibt es einige Themen: Informationsquellen bewerten (Glaubwürdigkeit, Aktualität, Richtigkeit, Impressum usw.), die richtige Suchmaschine verwenden und Suchstrategien entwickeln. Das Internet-ABC bietet dazu verschiedene interaktive und vertonte Lernmodule: *https://www.internet-abc.de/lehrkraefte/lernmodule/*

Anregungen zum guten Miteinander im Web mit grundlegenden Regeln zur Nutzung des Internets formulieren die „10 Gebote der digitalen Ethik": *https://www.klicksafe.de/materialien/zehn-gebote-der-digitalen-ethik-flyer-fuer-jugendliche*

Canva

Die Plattform *https://www.canva.com* bietet eine große Anzahl an Vorlagen (Poster, Lernkarte, Mindmap) für den Unterricht, die mit verschiedenen Werkzeugen

(Schrift, Infografik, Arbeitsblatt, Flyer, Klassenzimmerposter usw.) weiter gestaltet werden können. Außerdem können Texte, Elemente, Fotos, Hintergründe, Logos, Audios oder Videos individuell eingefügt und bearbeitet werden. Ein Kreativwerkzeug, das es erlaubt, Klassen und Gruppen zur gemeinsamen Arbeit einzuladen. Tipp: „Canva for Education" ist kostenlos und bietet alle Funktionen der Premiumversion.

Interaktive Arbeitsblätter gestalten

Das Arbeitsblatt ist nach wie vor bei vielen Lehrkräften das wichtigste Medium. Einige Tools bieten gute Möglichkeiten zur Herstellung digitaler Arbeitsblätter. Dabei bietet sich zunächst an, alte Arbeitsblätter zu digitalisieren, um sie dann zum interaktiven Bearbeiten zu nutzen. Das ist beispielsweise mit der Seite *https://www.sejda.com/de* möglich. Mit Tutory *https://www.tutory.de* können Arbeitsblätter im Baukastenprinzip erstellt werden. Eine besondere Möglichkeit bieten zwei Tools, mit deren Hilfe Fotos mit interaktiven Icons versehen werden können. Durch Anklicken werden Texte, Bilder oder Videos sichtbar oder der Nutzer wird auf eine Internetseite weitergeleitet: *https://www.thinglink.com* und *https://genial.ly*

Toolsammlung

Die Seite *https://kits.blog/tools/* enthält eine kleine Sammlung mit digitalen Tools, die eine Grundausstattung für den Unterricht bietet. Neben einem QR-Code-Generator mit Sprachausgabe gibt es einen TeamMapper, ein Etherpad, einen Wortwolken-Generator, ein kollaboratives Zeichentool, ein Tool zum Sammeln von Ideen und einen riesigen Pool mit Piktogrammen. Auf einer Blogseite finden sich viele interessante Anregungen für die Unterrichtspraxis.

Digitaler Stuhlkreis

Das browserbasierte Tool *https://digitaler-stuhlkreis.de/checkin* eignet sich gut zum Unterrichtseinstieg (Check-in) bzw. -ausstieg (Check-out). Das gilt für Online- und Präsenzunterricht. Dabei werden die Fragen über einen Beamer eingeblendet. Es ist nicht nur eine spielerische Auflockerung, sondern gibt den Lernenden hilfreiche

Impulse und kreative Denkanstöße. Die Lehrkraft beginnt mit der Beantwortung der ersten Frage. Sie reicht die nächste Frage, die durch einen Zufallsgenerator ausgewählt wird, an eine*n Schüler*in weiter usw. Die Antworten sollten kurz und klar sein. Weitere Kategorien stehen zur Auswahl: entweder – oder, Zielsetzung, Teamarbeit, Kontroversen und Gruppenreflexion. Es steht auch ein Zufallsgenerator für eigene Texte zur Verfügung.

Podcasting

Das Smartphone ist ein multimediales Werkzeug, mit dem sich nicht nur Fotos, Videos und Texte herstellen lassen. Mithilfe einer Audio-App können Podcasts produziert und veröffentlicht werden. Die vorbereiteten Texte bzw. Dialoge werden aufgenommen und abgespeichert (WAV- oder MP3-Datei). Die Audiodatei kann dann auf einen Server bzw. eine Pinnwand (z. B. TaskCards) geladen und für andere Nutzer zugänglich gemacht werden. Gratis kann dies zum Beispiel mit der Anchor-App (*https://anchor.fm*) umgesetzt werden. In einem Podcast können sich die Lernenden mit einem Unterrichtsthema auseinandersetzen und neue Impulse für den Unterricht geben.

Mikrofortbildungen für Lehrer*innen und Schüler*innen

Um die Arbeit mit digitalen Medien im Unterricht voranzubringen, ist es wichtig, dass Lehrer*innen und Schüler*innen die Handhabung üben. Dazu bilden Mikrofortbildungen eine gute Möglichkeit. Ein kleiner Kreis an Teilnehmenden wird in kurzer Zeit (30 bis 45 Minuten) von einem*einer „Expert*in" in der Nutzung eines digitalen Tools geschult. Dabei werden Möglichkeiten des Unterrichtseinsatzes besprochen. Die Organisation der Veranstaltungen und die Werbung in der Schule übernimmt ein schulinternes Team. Wegen einer flexibleren Zeitgestaltung ist es sinnvoll, die Mikrofortbildungen zu einem festen Zeitpunkt online durchzuführen.

Digitale Kompetenz Lehrender

Digitale Kompetenzen des Lehrens und Lernens sind Schlüsselkompetenzen des 21. Jahrhunderts. Der „Europäische Rahmen für die Digitale Kompetenz Lehrender" (DigCompEdu) beschreibt sechs Kompetenzstufen für Lehrende, die dabei unterstützen können, den eigenen Kompetenzstand zu überprüfen:

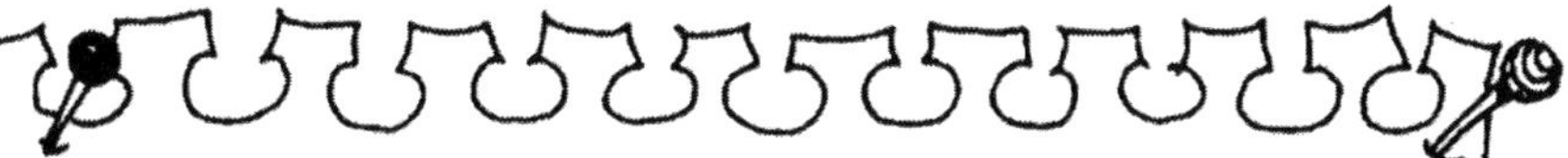

1. **Einsteiger*innen** haben wenig Kontakt mit digitalen Medien und brauchen Hilfe, um digitale Strategien zu entwickeln.
2. **Entdecker*innen** haben digitale Medien entdeckt und nutzen sie.
3. **Insider*innen** setzen digitale Medien in verschiedenen Bereichen ein und entwickeln bereits digitale Strategien.
4. **Expert*innen** nutzen digitale Medien kompetent und kritisch und erweitern ihr Repertoire.
5. **Leader*innen** besitzen ein breites Repertoire an effektiven digitalen Strategien.
6. **Vorreiter*innen** stellen die Angemessenheit üblicher digitaler und didaktischer Praxis infrage und entwickeln neue Lehrstrategien.

Für den Einsatz digitaler Medien im Unterricht ist es hilfreich, sich selbst einzuordnen und eigene Ziele zu entwickeln. Nähere Informationen sind hier verfügbar: *https://joint-research-centre.ec.europa.eu/system/files/2018-09/digcompedu_leaflet_de_2018-01.pdf*

Mailadressen generieren

Manchmal werden viele Mailadressen für die Anmeldung der Schüler*innen bei einem digitalen Tool oder einer anmeldepflichtigen Internetseite benötigt. Neben den Wegwerfadressen gibt es eine Methode, mit der eine Vielzahl an Adressen generiert werden kann. Dazu richtet die Lehrkraft zunächst eine Originaladresse mit einem Punkt bei Gmail ein (z. B. unser.unterricht@gmail.com). Diese Adresse bleibt bestehen und kann unbegrenzt genutzt werden. Nun können neue Mailadressen generiert werden, die die Buchstabenreihenfolge des Originals nutzen, aber der Punkt wird an einer anderen Stelle gesetzt (z. B. uns.erunterricht@gmail.com oder unserunterrich.t@gmail.com). Je länger die ursprüngliche Adresse ist, umso mehr neue Adressen können erstellt werden. Als alternative Möglichkeit können an eine Adresse ohne Punkt ein Plus und anschließend beliebig viele Zeichen gesetzt werden.

Rätsel erstellen

Rätsel im Unterricht bieten nicht nur eine gute Möglichkeit der Auflockerung, sondern können in allen Phasen neue spielerische Impulse setzen. Dazu bieten einige Internetseiten hilfreiche Werkzeuge:

1. Auf der Seite *https://rebus.club* können Rebusrätsel generiert werden, indem zunächst ein Text eingegeben wird, der verschlüsselt werden soll. Dieser wird anschließend in ein Bilderrätsel umgewandelt und in einem Bildformat gespeichert.
2. Um ein Suchsel (Buchstabensalat, Wortgitter oder Wortsuchrätsel) zu erstellen, bietet die Onlineseite *https://www.suchsel.net* ein gutes Werkzeug. Zunächst werden Titel und Arbeitsauftrag eingetragen, dann Breite und Höhe (Anzahl der Buchstaben) festgelegt und die zu suchenden Wörter eingegeben. Auch der Schwierigkeitsgrad kann verändert werden (von links nach rechts, von rechts nach links, von oben nach unten, von unten nach oben, diagonal, diagonal rückwärts). Dabei kann in der Voreinstellung definiert werden, ob sich die Wörter kreuzen dürfen, ob versteckte Wörter auf das Rätselblatt gedruckt werden usw. Am Ende der Bearbeitung kann das Suchsel generiert und als PDF ausgedruckt werden.
3. Die Seite *https://puzzlemaker.discoveryeducation.com* bietet viele Werkzeuge für Rätsel, die online erstellt und ausgedruckt werden können.

Rätsel sind am Ende einer Unterrichtsreihe hilfreich zur Wiederholung oder Vertiefung oder zum Einstieg in ein neues Thema, um das Vorwissen der Klasse abzufragen. Die Onlinetools lassen sich differenziert nutzen und können von der Lehrkraft immer wieder in anderen Klassen eingesetzt werden. So kann im Laufe der Zeit eine Sammlung entstehen, die den Unterricht bereichert.

Was mein Smartphone alles kann!

Das Smartphone ist ein vielseitiges multimediales Werkzeug (Kommunikation, Fotografie, Videoaufnahmen, Audioaufnahmen, Musik- und Videoplayer, Navigation usw.), kompakt und multifunktional. Für die meisten Kinder und Jugendlichen ist es ein wichtiger Begleiter in allen Situationen des Alltags. Einige jugendliche Nutzer*innen haben die vielen Möglichkeiten noch nicht ausprobiert und benutzen das Handy lediglich zum Fotografieren, Chatten oder zum Aufenthalt in sozialen Medien. Damit der multimediale Alleskönner für das gemeinsame und persönliche Lernen effektiv genutzt werden kann, sollte (z. B. zu Beginn des Schuljahres) eine multimediale Werkstatt stattfinden, in der die Schüler*innen den bewussten und verantwortungsvollen Umgang mit dem Smartphone erlernen und diskutieren (Medienkompetenz). Dabei lernen sie an konkreten Beispielen, wie ihr Smartphone zum Lernbegleiter werden kann. Eine gute Hilfe bietet dabei die Broschüre „Smartphone souverän nutzen" (*https://www.klicksafe.de/materialien/smartphones-souveraen-nutzen*) mit vielen Anregungen für die pädagogische Praxis. Regionale Medienstellen können hierbei unterstützend tätig werden.

Screencast-Lernvideos

Natürlich bietet YouTube viele Lernvideos, Erklärvideos und Tutorials, die Unterrichtsthemen für alle Fächer aufarbeiten. Einen besonderen Reiz macht es aus, wenn die Lehrkraft selbst ein Video für ihre Schüler*innen produziert, um so auf das Thema einer Unterrichtsstunde hinzuarbeiten, ein Thema zusammenzufassen oder um eine konkrete Übungsaufgabe exemplarisch zu lösen. Mithilfe von Screencasts können Erklär- und Lernvideos produziert werden. Dabei werden die Bildschirmaktivitäten und die

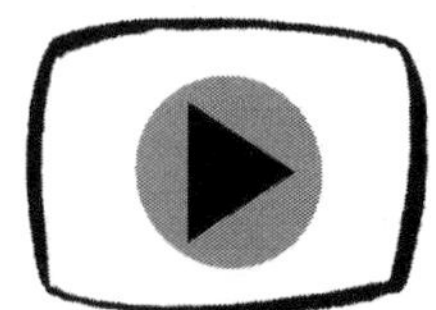

entsprechenden Erläuterungen aufgezeichnet. Die Lehrkraft kann dabei als Video-im-Video eingeblendet sein und Erläuterungen anhand von Texten, Grafiken, Statistiken oder Illustrationen geben. Dabei ist es sinnvoll, einen Verlaufsplan oder ein Drehbuch mit Angabe aller Materialien zu erstellen und die Präsentationsunterlagen bereits vorher zu öffnen, um sie dann passgenau zu zeigen. Für die Aufnahme sollte man alles vom Desktop entfernen, was die Lernenden ablenken könnte. Auch Hintergrundgeräusche sollten vermieden werden. Das Video sollte kurz (drei bis fünf Minuten) sein und durch Abwechslung und spannende Darstellung die Aufmerksamkeit der Schüler*innen aufrechterhalten. Es geht dabei nicht um Perfektion. Das Video kann nach der Produktion nachbearbeitet werden, was allerdings nicht zu viel Zeit in Anspruch nehmen sollte. Zum Erstellen des Screencasts eignen sich kostenlose Aufnahmestudios wie Opencast Studio (*https://studio.opencast.org/*) oder die Open-Source-Software OBS Studio (*https://obsproject.com*). Um den Lernenden das Lernvideo zur Verfügung zu stellen, eignen sich Lernplattformen wie Moodle oder ein eigener privater YouTube-Kanal.

MITEINANDER REDEN

Neben vielen kreativen Unterrichtsmethoden und Medien ist das Gespräch im Unterricht nach wie vor die wichtigste Möglichkeit, das Lehren und Lernen zu unterstützen. Wenn es um sachliche Themenbereiche geht, spielt die Arbeitsatmosphäre trotzdem eine wichtige Rolle. Daher ist es für den gesamten Unterrichtsprozess bedeutsam, in der Lerngruppe zunächst eine tragfähige Beziehung aufzubauen, um tiefgehende und von gegenseitigem Respekt und Vertrauen geprägte Gespräche führen zu können. Grundlegend ist eine aufmerksame, wertschätzende und zugewandte Haltung.

Die Lehrkraft sollte ein einfühlsames Eingehen auf Äußerungen der Schüler*innen praktizieren und zur kritischen Auseinandersetzung ermutigen. Die Schüler*innen sollten lernen, Stellung zu beziehen, Argumente zu formulieren und sich ein Urteil zu bilden.

Der „alte" Lehrstil, bei dem Lehrende frontal agieren und vorzugsweise Fragen stellen, passt nicht mehr zu einem zeitgemäßen kompetenzorientierten Unterricht. So ist die Lehrkraft vor allem Moderatorin und Gesprächsförderin. Dabei sollte sie präsent sein und die Lernenden im Blick behalten. Sie analysiert und reflektiert fachlich relevante Kommunikationssituationen im Zusammenspiel von Emotion und Kognition und zieht handlungsrelevante Schlussfolgerungen. In einer förderlichen Gesprächsbegleitung kann sie sich entsprechend der Situation einbringen und zurücknehmen.

Ge(h)spräche

Unterricht muss nicht immer im Klassenraum stattfinden. Um sich mit neuen Ideen und Themen auseinanderzusetzen, können die Schüler*innen den Lernort ins Freie verlegen. Das hat eine ganzheitliche Wirkung. Das Gehen in der Natur fördert die Grundstimmung und kann entspannen. Und wenn die Lernenden sich während des Gehens Gedanken machen und sich austauschen, kann dies positive Wirkungen auf den Lernprozess haben. Wichtig ist dabei eine klare Aufgabenstellung, eine Zeitvorgabe und die Festlegung der Gruppengröße (zwei bis drei Personen). Diese Kommunikationsmethode sollte eingeübt und bestimmte Verhaltensregeln sollten festgelegt werden (z. B. das Schulgelände nicht verlassen, beim Thema bleiben).

Position beziehen

Bei dieser ganzheitlichen Methode steht eine kontroverse Fragestellung im Mittelpunkt (z. B. „Sollten die Möglichkeiten der Gentechnik in allen Lebensbereichen ausgeschöpft werden?"). Es geht darum, dass die Lernenden Stellung beziehen und sich positionieren. Dabei bilden zwei gegenüberliegende Ecken im Klassenraum die Extrempositionen:
Ich bin uneingeschränkt dafür! ←→ Ich bin total dagegen!
Dazwischen gibt es einzelne Punkte der Variation: Ich bin unter bestimmten Umständen dafür! Ich habe keine eindeutige Meinung! Ich bin eher dafür!
Die Lernenden bewegen sich im Raum und beziehen Stellung, indem sie eine Position einnehmen. Die dicht beieinander bzw. weit voneinander Stehenden diskutieren ihre Positionen. Von der lebendigen Stellungnahme wird ein Foto gemacht. Am Ende der Unterrichtsreihe wird eine neue Abfrage durchgeführt und fotografiert. Die Änderungen der Positionen bieten dann neuen Gesprächsbedarf. Eine digitale Variante kann mithilfe eines virtuellen Whiteboards durchgeführt werden (z. B. mit *https://flinga.fi*).

WorldCafé

Bei dieser Kommunikationsmethode kommen die Lernenden in einer lockeren Weise ins Gespräch. In einer Café-Atmosphäre (evtl. mit Getränken und Snacks) fühlen die Schüler*innen sich wohl und setzen sich motiviert mit einem Thema auseinander. An bereitgestellten Tischen mit Papiertischdecken und Stiften beschäftigt sich die jeweilige Tischgruppe ca. 20 Minuten mit einer vorbereiteten Fragestellung. Jede Gruppe schreibt ihre Thesen, Einstellungen und Fragen auf das Tischtuch. Die Positionen werden diskutiert und auf dem Papier zusammengefasst (z. B. drei Kernaussagen). Beim Wechsel bilden sich neue Tischgruppen mit neuen

Fragestellungen. Ein*e Teilnehmer*in der alten Gruppe bleibt als Gastgeber*in und führt die neue Gruppe in das Thema und die Ergebnisse der letzten Gesprächsrunde ein. Alle Schüler*innen durchlaufen alle Tische. Die Tischdecken werden zur gemeinsamen Reflexion und Vertiefung genutzt.

Wechselnde Gesprächskreise

Nach Festlegung des Gesprächsthemas werden zwei Kreise gebildet (Innen- und Außenkreis). Die Lernenden im Innenkreis diskutieren das Thema. Die Schüler*innen im Außenkreis hören zu. Nach einigen Minuten wird der Innenkreis für die Lernenden im Außenkreis geöffnet. Dabei gibt es zwei Möglichkeiten: 1. Eine Person des Außenkreises wählt eine Person des Innenkreises aus und ersetzt sie als neue*r Gesprächsteilnehmer*in. 2. Eine Person aus dem Innenkreis wählt eine Person des Außenkreises aus und nimmt ihren Platz ein.
Das Wechseln sollte möglichst so erfolgen, dass das laufende Gespräch nicht gestört wird. Durch den Wechsel der Gesprächsteilnehmenden entwickelt die Runde eine spannende Dynamik, ohne dass Langeweile auftritt, weil immer wieder neue Impulse gegeben werden.

Gesprächstheater

Ein Thema wird bei dieser Kommunikationsmethode von verschiedenen Seiten beleuchtet. Dazu wird eine kurze Spielhandlung zu einem bestimmten Thema mit verschiedenen Rollen improvisiert und gespielt. Anschließend wird die Handlung ein zweites Mal gespielt und das Publikum hat die Möglichkeit, in die Spielhandlung einzugreifen. Dabei können eine oder mehrere Personen aus dem Publikum die Rolle der Spieler*innen übernehmen. Die Spielhandlung wird einen ganz neuen Verlauf nehmen. So kann die Handlung mehrmals mit wechselnden Teilnehmenden durchgespielt werden. Es ist hilfreich, wenn eine Gruppe bereits vor Beginn des Gesprächstheaters eine Szene vorbereitet. Das Publikum erhält Beobachtungsaufgaben, deren Ergebnisse in der Reflexionsphase eingebracht werden.

Gerichtsverhandlung

In Form einer fiktiven Gerichtsverhandlung wird eine Problemstellung verhandelt. Die Teilnehmenden sollten sich vorher mit einem Thema und den unterschiedlichen Positionen auseinandergesetzt haben. Die Spielsituation (der Fall) wird zunächst vorgestellt. Die Lernenden bilden Gruppen, in denen die unterschiedlichen Rollen (Richter*in, Schöff*in, Staatsanwalt*Staatsanwältin, Verteidiger*in, Sachverständige*r, Angeklagte*r, Zeug*in, Protokollführer*in, Justizangestellte*r) besprochen und vorbereitet werden. Der Raum wird in Form eines Gerichtssaales gestaltet. Zum genauen Ablauf der Gerichtsverhandlung erhalten die Schüler*innen eine Einführung bzw. besuchen eine reale Verhandlung. Das Publikum erhält Beobachtungsaufgaben. Zur Reflexion fertigen die Lernenden unterschiedliche Medien (z. B. Zeitungsbericht, Kommentar, Leserbrief, Instagram-Story, Radio-Feature, Fernsehbericht) an.

Gesprächsrollen

Damit ein Thema möglichst kontrovers diskutiert wird, werden unterschiedliche Gesprächsrollen für die Gesprächsteilnehmenden vorgegeben (z. B. Moderator*in, Kritiker*in, Expert*in, Schwätzer*in, Schönredner*in, Pessimist*in, Visionär*in, Mitläufer*in, Realist*in, Komiker*in, Träumer*in). Das Gesprächsthema und die Teilnehmendenzahl werden festgelegt.

Die Gesprächsteilnehmenden setzen sich in einem Kreis zusammen. Die anderen bilden das Publikum. Jede*r Teilnehmende zieht eine Rollenkarte. Der*die Moderator*in eröffnet das Gespräch und beschreibt die Fragestellung. Jede*r Gesprächsteilnehmende argumentiert aus der Position der vorgegebenen Rolle. Nach einiger Zeit können die Rollen ausgetauscht oder von neuen Teilnehmenden besetzt werden.

Eine Vertiefung und Zusammenfassung der Thematik bietet die Reflexion: Wie habe ich mich in der Rolle gefühlt? Wie konnte ich durch meine Argumentation den Gesprächsverlauf beeinflussen?

Die Gesprächsmethode ist hilfreich, um zu üben, sich in andere Positionen hineinzuversetzen.

Talkshow

Die Talkshow bietet eine spielerische Möglichkeit, sich in verschiedene Rollen und Positionen hineinzuversetzen. Zu einem vereinbarten Thema werden zunächst unterschiedliche Positionen gesammelt. Zu jeder Position bildet sich eine Gruppe, die den vorgegebenen Standpunkt mit Argumenten füllt. So nimmt auch die Rolle des Talkshowgastes nach und nach Gestalt an.
Ein*e Schüler*in aus jeder Gruppe übernimmt bei der Talkshow die entsprechende Rolle. Wichtig sind die Rollen des*der Expert*in, der*die sehr sachlich und fundiert argumentiert, und die des*der Moderator*in, der*die die Gesprächsführung übernimmt. Bei der Talkshow setzen sich die Teilnehmenden in einen Sitzkreis und das Gespräch beginnt. Das Publikum macht sich Notizen bzw. erhält gezielte Beobachtungsaufgaben zu einzelnen Gesprächsteilnehmenden.
Bei der anschließenden Reflexion werden die unterschiedlichen Argumentationen nochmals kritisch betrachtet. Das Rollenspiel hilft dabei, unterschiedliche Positionen und Argumente aus anderer Perspektive kennenzulernen und zu reflektieren.

Streitgespräch

Bei dieser Methode geht es vor allem darum, Argumente zu einer kontroversen Fragestellung zu finden und zu formulieren. Dabei steht bei einem Streitgespräch die sachliche Auseinandersetzung im Mittelpunkt. Es gibt eine Pro- und eine Kontra-Gruppe, die jeweils vor Beginn des Gespräches Informationen zu ihrer Position sammelt. Dazu kann die Lehrkraft Materialien (Texte, Videos usw.) zur Verfügung stellen oder die Schüler*innen informieren sich selbst. Eine dritte Gruppe, die Beobachtenden, verschafft sich einen Überblick über das gesamte Thema.
Die Lehrkraft eröffnet das Streitgespräch mit einer kurzen Einführung in das Thema und der Streitfrage. Zunächst hat jede Gruppe eine festgelegte Zeit zur Verfügung, um ihre Positionen vorzutragen. Danach werden die anderen Argumente ausgetauscht, wobei man jeweils auf das vorher Gesagte Bezug nehmen kann.
Bei dieser Methode geht es neben der Argumentation vor allem um das gute

Zuhören. Am Ende formulieren die beiden Gruppen ein Schlussstatement. Die Beobachtenden geben Rückmeldung zum Streitgespräch und beurteilen ihrerseits die Stärke der Argumentation und die Überzeugungskraft.

Fragend-entwickelndes Unterrichtsgespräch

Das Unterrichtsgespräch ist der normale Alltag in einer Unterrichtsstunde. In einem fragend-entwickelnden Unterrichtsgespräch entwickelt die Lehrkraft Leitfragen und fordert Antworten heraus. Damit legt sie die Lernentwicklung der Schüler*innen fest. Dabei geht es nicht um reine Abfragerei, sondern mehr um Erkenntnisgewinn. Die Lehrkraft sollte sich sicher bewegen im Bereich der Fragetechniken (Wissensfragen, Denkfragen, Verständnisfragen, geschlossene und offene Fragen, Transferfragen usw.). Sie gibt mithilfe der Fragen Impulse, die die Lernenden aktivieren. Die Antworten und Ideen der Lernenden werden im Unterrichtsgespräch weiterentwickelt, um so zu neuen Erkenntnissen zu gelangen. Durch eine gut durchdachte Fragetechnik wird bei den Schüler*innen ein Lernprozess angeregt.
Die eher lehrer*innenzentrierte Methode sollte gut geplant werden, da die Lernenden auf einen strukturierten Weg mitgenommen werden. Es sollte aber auch Platz für unerwartete Fragen und Antworten bleiben.

Offenes Unterrichtsgespräch

Bei einem offenen Unterrichtsgespräch sind der Weg und das Ziel des Gespräches offen im Austausch von Fragen, Meinungen und Erfahrungen gestaltet. Jede*r hat die Möglichkeit, zu sagen, was er*sie weiß, Fragen zu stellen oder Ideen und Argumente zu formulieren. Hierbei nimmt die Lehrkraft sich eher zurück und moderiert den Gesprächsverlauf. Am Ende des Gespräches werden die Ergebnisse zusammengefasst. Die Offenheit bietet zwar viel Spielraum, es sollten jedoch grundlegende Gesprächsregeln definiert werden, die alle Gesprächsteilnehmenden einhalten, zum Beispiel: „Ich lasse andere ausreden!", „Ich höre aktiv zu!", „Ich denke zuerst und rede dann!", „Ich begründe meine Position!"

Gelenktes Unterrichtsgespräch

Bei dem gelenkten Unterrichtsgespräch ist es die Lehrkraft, die das Gespräch mithilfe von Fragen, Impulsen und Anregungen steuert. Sie macht die Schüler*innen mit einem Thema vertraut, aktiviert ihr Vorwissen und fördert die persönliche Auseinandersetzung. Die Lernenden können dabei ihre eigenen Ideen, Fragen, Interessen und Positionen einbringen. Die Lehrkraft fragt nach, kommentiert und entwickelt Gesagtes weiter. Immer wieder gibt sie neue Impulse und Informationen. Erkenntnisse und Ergebnisse werden am besten notiert und visualisiert.

Emotionales Theater

Egal ob es in Gesprächen um Themen oder Erfahrungen geht, immer spielen die Emotionen eine bedeutende Rolle. Das sollten sich alle am Gespräch Beteiligten bewusst machen. Unsere Gefühle fließen in unsere Argumentation und in unsere Fragen ein. Bei der folgenden Methode geht es darum, dass die Lernenden die Bedeutung von Gefühlen bei einem Gespräch erkennen und ausdrücken. Es werden mehrere Gruppen gebildet, deren Aufgabe darin besteht, eine kurze Spielszene zu erfinden. Dazu erhält jede Gruppe ein Gefühlswort von der Lehrkraft (z. B. Trauer, Glück, Wut, Traurigkeit, Angst, Freude, Verzweiflung). Durch das Spielen der Szene soll das vorgegebene Gefühl ausgedrückt werden. Nach der jeweiligen Präsentation erraten die Zuschauenden das Gefühl und beschreiben es. Dabei wird außerdem über die Bedeutung der jeweiligen Gefühle in Gesprächssituationen gesprochen.

Gesprächsstörer und -förderer

Damit ein Gespräch gut und zufriedenstellend verläuft, sollten die Teilnehmenden darauf achten, was die Kommunikation stört bzw. fördert. Eine Arbeitsgruppe sammelt Gesprächsstörer wie zum Beispiel unterbrechen, provozieren, beleidigen, beschimpfen, drohen, Vorwürfe machen, bewerten, lächerlich machen, nicht ernst nehmen. Die andere Gruppe kümmert sich um Gesprächsförderer wie zum Beispiel ermutigen, loben, nachfragen, Gefühle ansprechen, zuhören, nachfragen, positive Mimik und Gestik. Dazu gestalten sie kurze Szenen, um die Gesprächsstörer und -förderer zu verdeutlichen. Bei der Reflexion werden Konsequenzen für die Unterrichtsgespräche formuliert. Der kommunikative Lernprozess wird immer wieder überprüft und korrigiert. Nach Möglichkeit sollte dies in allen Fächern gefördert werden.

Stärken und Schwächen

Die Schüler*innen reflektieren bei dieser Übung ihre persönlichen kommunikativen Stärken und Schwächen. Dazu wird zunächst eine Stärken-Schwächen-Liste erstellt (z.B. frei reden, gut argumentieren, auf Fragen der Mitschüler*innen eingehen, bei Unklarheiten nachfragen, Gedanken verständlich formulieren, sich aktiv an Unterrichtsgesprächen beteiligen). Im ersten Schritt reflektiert jede*r einzeln mithilfe der folgenden Formulierungen: Das kann ich gut! Das kann ich überhaupt nicht! Das möchte ich lernen!

Anschließend werden Gruppen gebildet, die sich gegenseitig unterstützen. Dazu können zum Beispiel konkrete Hilfen für Klassengespräche formuliert werden: „Halte Blickkontakt mit der Person, die spricht, und höre genau hin, was sie sagt!", „Überlege dir genau, was du sagen willst!"

Schreibgespräch

Bei einem Schreibgespräch wird nicht gesprochen, sondern nur geschrieben und gezeichnet. Auf mehreren Plakaten stehen jeweils unterschiedliche Fragen bzw. Thesen zu einem Thema als Gesprächsmotivation. Die Plakate sind auf mehreren Tischen verteilt. Die Lernenden können sich an unterschiedlichen Gesprächen beteiligen und schriftlich Position beziehen, Fragen stellen, Emotionen ausdrücken (z.B. durch Smileys) oder auf Formulierungen antworten. Es entsteht nach und nach ein lebendiges Gespräch, ohne dass laut gesprochen wird. Das gesprochene Wort ist schnell vergessen und weg, das geschriebene bleibt stehen.

Die Schüler*innen reflektieren zunächst nicht das Thema, sondern die Art der Kommunikation: Welche Konsequenzen haben die Erfahrungen für unsere Unterrichtsgespräche?

Virtuelles Gespräch

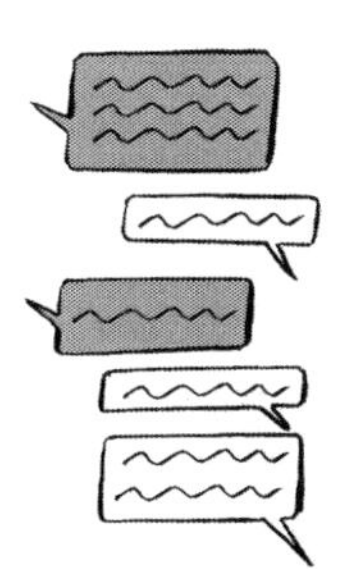

Eine Vielzahl der Gespräche, die Lernende in ihrem Alltag führen, findet virtuell und mithilfe des Smartphones statt. Dabei kommt es sehr oft zu einer verkürzten Sprache mit unvollständigen Sätzen, Abkürzungen, Smileys, GIFs, Fotos oder Videos. Messenger-Dienste und soziale Medien sind dabei die Kommunikationsplattformen, die zum Austausch und zur Selbstdarstellung genutzt werden. Das hat auch Konsequenzen für das Kommunikationsverhalten im Unterricht. Es werden mehrere Gruppen gebildet, deren Aufgabe darin besteht, sich über ein vorgegebenes Thema virtuell zu unterhalten. Dazu kann zum Beispiel der Fake-Chat-Generator *https://zeoob.com/generate-whatsapp-chat/* genutzt werden.
Die Gesprächsverläufe werden vorgestellt und kritisch bewertet. Es geht letztlich um die Frage: Wie haben meine sozialen Medien mein Kommunikationsverhalten beeinflusst und verändert?

Gesprächsvarianten

Die Gesprächsmedien und -formen sind vielfältig. Dabei spielen vor allem die digitalen Möglichkeiten eine große Rolle. Bei dieser Kommunikationsübung sollen unterschiedliche Gesprächsformen erkundet und reflektiert werden. Dabei handelt es sich um das persönliche Gespräch, das Telefongespräch und den WhatsApp-Chat. Die verschiedenen Formen werden simuliert und kritisch bewertet.
Dazu werden drei Gruppen gebildet, die ein identisches Gesprächsthema haben. In der ersten Gruppe sitzen sich zwei Teilnehmende gegenüber und unterhalten sich über das Thema.
In der zweiten Gruppe ist die Situation ähnlich, jedoch haben die Teilnehmenden die Augen verbunden, um so ein Telefongespräch nachzuempfinden.
In der dritten Gruppe wird eine WhatsApp-Gruppe gebildet, die sich mithilfe eines

browserbasierten Chat-Simulators unterhält (*https://fakedetail.com/fake-whatsapp-chat-generator*). In jeder Gruppe gibt es eine*n Beobachter*in, der*die anschließend über den Gesprächsverlauf berichtet. In einer zweiten Runde tauschen die Gruppen ihre Kommunikationsformen.
Die Teilnehmenden berichten dann über ihre Erfahrungen. Im gemeinsamen Gespräch werden die erprobten Möglichkeiten und die Konsequenzen für die alltägliche kommunikative Kompetenz kritisch in den Blick genommen.

Denkfarben

Bei dieser Kommunikationsübung geben unterschiedliche Farben an, welche Gesprächsrolle bzw. Position ein*e Gesprächspartner*in einnimmt. Ganz einfach kann dies umgesetzt werden, indem ein entsprechender Farbstift in die Hand genommen wird. Auch ein Armband oder eine Kopfbedeckung könnte die entsprechende Farbe haben. Die Farben und ihre Bedeutungen sind:

Blau: Ich achte auf Struktur und Ordnung im Gesprächsverlauf.
Gelb: Ich versuche, die positiven Aspekte zu formulieren.
Schwarz: Ich denke eher negativ und kritisiere gern.
Grün: Ich bin kreativ und entwickle immer wieder neue Ideen und Visionen.
Rot: Ich bin emotional und spreche sehr persönlich.
Weiß: Ich halte mich gern zurück und bin eher neutral und faktenorientiert.

Die Gesprächsteilnehmenden (Farben) setzen sich im Kreis zusammen und diskutieren miteinander.

Gutes Zuhören

Eine wesentliche Grundlage für ein gelingendes Gespräch ist das gute und zugewandte Zuhören, welches immer wieder eingeübt und reflektiert werden sollte, damit Unterrichtsgespräche gelingen. Dazu können gemeinsam einige Tipps und Anregungen verfasst werden. Hier folgen einige Ideen:

* Lass dich bewusst auf deine*n Gesprächspartner*in ein.

* Halte Blickkontakt und gib zu verstehen, dass du konzentriert und nicht abgelenkt bist.
* Achte auf deine Körperhaltung, deine Gestik und deine Mimik, die falsch gedeutet zu Missverständnissen führen können.
* Versuche, das Gehörte durch Fragen zu vertiefen, um zu verstehen.
* Achte darauf, dass du die Sätze des*der Gesprächspartner*in nicht vervollständigst, sondern habe Geduld.
* Fasse das Gesagte ab und zu kurz zusammen, um zu zeigen, dass du alles richtig verstanden hast.

Manchmal ist es hilfreich, wenn diese Regeln visualisiert und für alle sichtbar sind. Nach und nach sollten die Schüler*innen die Gesprächstechniken für ein gutes Zuhören verinnerlichen.

Argumentations-Map

Zur Vorbereitung einer Rede oder eines Beitrags innerhalb einer Diskussion ist es hilfreich, Argumente strukturiert zu gestalten und diese klar und prägnant zu formulieren. Dazu bietet die Argumentations-Map eine gute visuelle Hilfe. Sie besteht aus vier Abschnitten, die im Uhrzeigersinn angeordnet werden:

1. Wie lautet der Ist-Zustand / wie ist die aktuelle Situation? **(IST)**
2. Wie soll der ideale und angestrebte Soll-Zustand aussehen? Wie sollte das Problem gelöst werden? **(SOLL)**
3. Wo liegen die Differenzen zwischen Ist- und Soll-Zustand? Was behindert das Erreichen der idealen Situation? Warum soll das Problem gelöst werden? **(WARUM)**
4. Was soll getan werden, um das Thema zu beschreiben und das Problem zu lösen? Was sollte sich ändern? **(APPELL)**

Diese systematische und strukturierte Herangehensweise mithilfe des Argumentationsmusters bietet eine anregende Methode, um ein Problem differenziert zu gestalten. Die Methode kann auch bei der gezielten thematischen Recherche hilfreich sein.

Amerikanische Debatte

Diese Kommunikationsmethode eignet sich gut für kontroverse Themenstellungen. Es handelt sich um einen strukturierten Gesprächsverlauf mit vorgegebenen Regeln. Dabei werden Argumente kontrolliert und zielgenau ausgetauscht. Es werden zunächst zwei Gruppen gebildet, eine Pro- und eine Kontra-Gruppe, die jeweils Argumente für ihre Position suchen. Dazu werden Informationsmaterialien zur Verfügung gestellt. Bei der Debatte ist es wichtig, die eigenen Argumente überzeugend und fundiert zu präsentieren und auf die Gegenargumente einzugehen.
Jede Gruppe sucht Diskutant*innen aus, die sich gegenübersitzen. Ein*e Gesprächsleiter*in eröffnet die Diskussion und erteilt jeder Seite das Wort. Jede Seite stellt zuerst abwechselnd (Pro-Kontra-Pro-Kontra usw.) ihre Argumente kurz und prägnant vor (eine Minute je Beitrag). Dabei wird noch nicht diskutiert oder auf die Redebeiträge eingegangen. Alle halten sich an die Zeitvorgabe.
Nachdem alle Argumente von beiden Seiten vorgetragen sind, läuft es in der zweiten Runde umgekehrt ab. Der*die letzte Diskutant*in beginnt. Vorher tauschen sich die Gruppen aus und nehmen dabei Bezug auf die von der Gegenseite genannten Positionen. Bei der anschließenden Diskussion gehen sie auf die Argumente der Vorredner*innen ein, um diese zu entkräften oder zu widerlegen. Es folgt eine abschließende Reflexion. Es besteht die Möglichkeit, dass Beobachtende die Diskussion zusammenfassen.

Gewaltfreie Kommunikation

Gute Kommunikation heißt nicht nur, Argumente zu finden und die eigene Position zu diskutieren. Wichtig ist auch, ein wertschätzendes und empathisches Gespräch führen zu können und sich in die Gedanken, Einstellungen und Gefühle der*des Gesprächspartner*in einfühlen zu können. Besonders wichtig sind diese Kompetenzen, wenn es um Konflikte geht und ein Gespräch einen aufgeheizten Verlauf nimmt. Hilfreich ist in solchen Situationen das Konzept der gewaltfreien Kommunikation. Im Mittelpunkt stehen dabei die Bedürfnisse und Gefühle, die hinter dem Konflikt und dem Verhalten stecken.

In vier Schritten können Konflikte zufriedenstellend gelöst werden:

1. **Beobachtung:** Was macht und sagt mein Gegenüber?
2. **Gefühl:** Welche Gefühle löst das bei mir aus?
3. **Bedürfnis:** Auf welche unerfüllten Bedürfnisse weisen mich meine Gefühle hin?
4. **Bitte:** Formuliere eine Bitte an dein Gegenüber, die aussagt, was du willst!

In einem Workshop können die Schüler*innen diese Methode kennenlernen und einüben.

BEARBEITUNG & AUSEINANDERSETZUNG

Nach dem Unterrichtseinstieg, der dazu dient, dass die Schüler*innen ankommen und sich durch eine Problematisierung und Ideenfindung thematisch einfinden, folgt die Bearbeitungs- und Vertiefungsphase. Dazu müssen sie nach Informationen suchen und diese vertiefen und analysieren, um schließlich einen Lösungsansatz zu entwickeln und sich ein eigenes Urteil zu bilden. Die hier vorgestellten Ideen wollen die Lernenden bei der Bearbeitung und Auseinandersetzung unterstützen. Es sind Werkzeuge, deren Handhabung die Schüler*innen einzeln oder in Teamarbeit einsetzen, was eine grundlegende Kompetenz darstellt.

Clustern

Bei dieser Methode werden zunächst Ideen gesammelt und Vorwissen wird aktiviert. Dann geht es um die Strukturierung und Visualisierung, um Zusammenhänge und Unterschiede zu verdeutlichen. Ausgangspunkt kann dabei eine These, ein Wort oder eine Frage sein. Jedes Wort und jeder Satz inspirieren zu neuen Ideen und Assoziationen. Die Zusammenhänge können etwa durch Pfeile, Symbole oder Farben verdeutlicht werden. Doppellungen werden herausgenommen und zusammenhängende Begriffe in Gruppen verteilt. Klassisch bietet sich die analoge Durchführung mit Flipchart, Karten und Stiften an. Die digitalen Werkzeuge (z. B. *https://web.collaboard.app* oder *https://conceptboard.com/de/*) haben den Vorteil, dass die Schüler*innen die Vorarbeit bereits vorher erledigen können. Im Unterricht werden die erarbeiteten Assoziationen und Clusterversuche ergänzt und vervollständigt.

Placemat-Methode

Bei dieser Methode des kooperativen Lernens geht es vor allem darum, unterschiedliche Positionen und Meinungen in einer Schreibdiskussion herauszuarbeiten, um schließlich eine gemeinsame zusammenfassende Position zu formulieren.

Es bilden sich zunächst Vierergruppen, die sich um jeweils einen Tisch setzen. Auf dem Tisch liegt eine Schreibfläche mit einem Kreis in der Mitte und vier Feldern. Die Lehrkraft gibt die Fragestellung bzw. einen Arbeitsauftrag bekannt. Jede*r Schüler*in kann nun im eigenen Feld schriftlich Position beziehen und Kommentare und Thesen verfassen. Die Arbeit vollzieht sich in Stille. Nach einer vorgegebenen Zeit wird das Blatt gedreht und jede*r kann in dem vor ihm*ihr liegenden Textfeld einen anderen Beitrag lesen und kommentieren. Jede*r Lernende bearbeitet alle Felder. Die Ergebnisse werden anschließend ausgewertet und diskutiert.
Zum Schluss verfasst die Gruppe eine Zusammenfassung in Form eines Kernsatzes und die Ergebnisse werden für alle sichtbar präsentiert. Die Methode kann erweitert werden, indem die Schüler*innen die Tische wechseln.
Eine digitale Version bietet das Tool *https://www.oncoo.de*. Auch hier wird die Aufgabe in den Think-Pair-Share-Phasen umgesetzt. Dabei können die Schüler*innen sich außerhalb des Unterrichts treffen und die Aufgabe online an unterschiedlichen Orten lösen.

Schmökerrunde

Sich zusammenfinden, um in unterschiedlichen Medien wie Büchern, Lexika, Zeitschriften oder dem Internet zu schmökern, kann eine abwechslungsreiche und motivierende Unterrichtssituation schaffen. Dazu müssen allerdings Vorarbeiten erledigt werden, wozu alle Beteiligten ihren Beitrag leisten. Zunächst wird der Schmökertermin festgelegt, damit alle Zeit haben, vorab entsprechende Materialien zusammenzutragen. Auch das Thema wird festgelegt.
Diese Methode ist zu Beginn einer neuen Unterrichtseinheit sehr hilfreich und schafft eine gemütliche Einstimmung auf ein neues Thema. Dabei verschaffen sich die Lernenden einen ersten Überblick über das Thema. Es sollte genügend Zeit zur Verfügung stehen und Ort und Lernumgebung sollten entsprechend gestaltet sein. Am Ende der Schmökerrunde stellt jede*r seine*ihre Erfahrungen und Erkenntnisse kurz vor. Vielleicht kann diese Methode dazu anregen, gemeinsam eine Bücherei oder Bibliothek zu erkunden.

Fünf Schritte

Zu den Grundtechniken des Lernens gehört es, einen Text oder ein Buch systematisch und strukturiert zu lesen und zu erarbeiten. Dazu bieten sich unterschiedliche Methoden an, zum Beispiel die Fünf-Schritte-Methode:

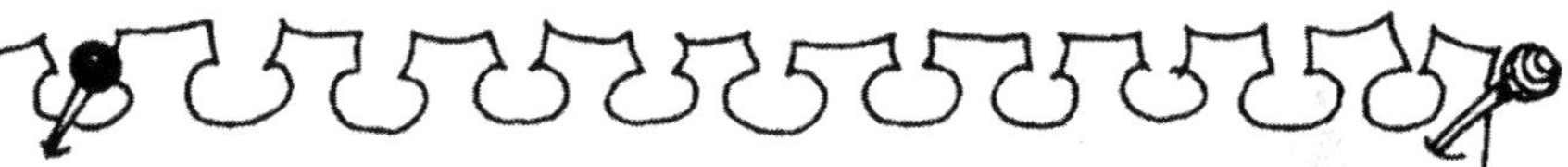

1. Verschaffe dir einen Überblick: Titel, Autor*in, Vorwort, Stichwortverzeichnis, Inhaltsverzeichnis, Illustrationen und Layout.
2. Stelle Fragen an den Text: Habe ich bereits Vorwissen zum Thema? Wer ist der*die Autor*in? Wie ist das Buch gegliedert?
3. Lies alles gründlich durch und nutze Markierungstechniken.
4. Erinnere dich an die wesentlichen Aussagen und Inhalte. (Es geht um die abschnittsweise Erarbeitung des Gelesenen. Dabei werden die bereits entwickelten Fragen beantwortet und eine Art Gedächtnisprotokoll wird verfasst.)
5. Fasse in eigenen Worten zusammen.

Bei dieser strukturierten Methode geht es darum, Texte systematisch zu lesen und zu erschließen. Übung tut gut!

Textdetektiv*innen

Wenn ein*e Detektiv*in einen Auftrag erhält und sich auf die Suche nach Antworten macht, stellt er*sie viele Fragen an unterschiedliche Menschen. Daraus zieht er*sie eigene Schlüsse und vertieft die Erkenntnisse zum Beispiel mit Fotos, Video- und Tonaufnahmen. Textdetektiv*innen gehen ebenfalls systematisch vor und interviewen sozusagen den Text, indem sie eine Vielzahl an Fragen stellen. Dazu lesen sie zunächst den Text und erstellen

Fragekarten. Am besten eignen sich dazu die W-Fragen: Wer? Was? Wann? Wo? Warum? Wie? usw. Jede*r erhält eine solche Karte mit einer Frage zum Text. Nun machen sich die Textdetektiv*innen auf die Suche nach Antworten und notieren diese auf der Rückseite der Fragekarte. Die fertigen Karten werden ausgelegt und können von allen erkundet werden.

Stationenlernen

Beim Stationenlernen gibt es mehrere Lernstationen mit vorbereiteten Materialien und Aufgabenstellungen. Im Mittelpunkt steht ein eigenverantwortliches Lernen. Dabei ist es wichtig, dass der Ablauf gut erklärt wird und die Schüler*innen die Lerninhalte selbstständig erschließen können. Die Lernenden erhalten einen Laufplan und wählen selbst aus, wie sie ihren Lernweg gestalten. Auch die Dauer des Aufenthaltes an einer Station entscheiden sie selbst.

Für die Materialien an den Stationen können unterschiedliche Medien genutzt werden, zum Beispiel Textblätter, Bücher, Fotos oder Videos. Dabei ist eine technische Ausstattung mit Notebooks, Tablets und Computern hilfreich. Die Schüler*innen können ihr Smartphone nutzen, um über QR-Codes an digitale Materialien zu gelangen. Das vereinfacht die Vorbereitung für die Lehrkraft. Es geht hierbei nicht darum, am Schluss Wissen abzufragen, die Schüler*innen gestalten vielmehr ihren individuellen Lernweg. Am Ende einer Unterrichtsreihe besteht die Möglichkeit, dass die Lernenden selbst einen solchen Stationenweg gestalten.

Wäscheleine

Manchmal bedarf es nur ganz einfacher Mittel der Visualisierung, um den Lernprozess für alle sichtbar transparent zu machen. Quer durch den Klassenraum wird eine Leine gezogen, an der Wäscheklammern befestigt sind. Die Leine kann in allen Unterrichtsphasen zur Bereitstellung von Arbeitsaufträgen oder Informationen genutzt werden. Und natürlich bringt die Leine auch Bewegung in den Klassenraum, wenn Schüler*innen aufstehen, um etwas anzuhängen, zu lesen oder auszutauschen. Dabei sollte die Leine ein Medium sein, das den Unterrichtsbetrieb nicht stört, sondern fördert. Natürlich besteht die Möglichkeit, mehrere Wäscheleinen im Klassenraum zu spannen.

Das kann eine Einstiegsleine, eine Impulsleine, eine Lernleine oder eine Feedbackleine sein. Wenn einzelne Schüler*innen Spaß daran haben, die Optik der Leine aufzuwerten, kann sie sogar zu einem Schmuckstück im Klassenraum werden.

Think-Pair-Share

Die Methode bietet eine gute Möglichkeit, eine strukturierte Auseinandersetzung mit einem Thema anzuregen. Dabei wechseln sich verschiedene zeitlich festgelegte Arbeitsphasen ab:

In der **Think-Phase** stehen die Einzelarbeit und die individuelle Bearbeitung eines Themas im Mittelpunkt (ca. 10 Minuten). Die Ergebnisse werden schriftlich festgehalten.
Die **Pair-Phase** dient dazu, dass sich jeweils zwei Schüler*innen in Partner*innenarbeit über die gewonnenen Erkenntnisse austauschen. Der Blick wird dabei auf Gemeinsamkeiten und Unterschiede gerichtet (ca. zehn Minuten). Eine Zusammenfassung wird hier ebenfalls notiert.
In einer letzten **Share-Phase** stellen die Paare ihre Ergebnisse im Plenum vor. Es folgen Fragerunde, Austausch und Festhalten der Ergebnisse. Diese Phase kann ein wenig mehr Zeit in Anspruch nehmen (ca. 15 bis 20 Minuten).

Die Phasen sind flexibel zu gestalten. So könnte zum Beispiel jede*r Schüler*in eine eigene Aufgabenstellung erhalten, sodass am Ende eine große Zusammenschau vieler Themen entsteht.

Gruppenpuzzle

Bei dieser Methode stehen das kooperative Arbeiten und Lernen im Vordergrund. Sie eignet sich gut für die Erarbeitung neuer Themen. In mehreren Schritten werden Themen erarbeitet und präsentiert. Zu Beginn werden vier Stammgruppen (A, B, C, D) gebildet, die zunächst vier unterschiedliche Arbeitsaufträge haben. Jede*r Expert*in arbeitet intensiv an einem Thema. Im nächsten Schritt werden vier neue Expert*innengruppen gebildet, in denen sich dann jeweils die

Expert*innen für ein Thema zusammenfinden. Im Expert*innengespräch wird in jeder Gruppe ein Thema vertieft. Im letzten Schritt wechseln die Expert*innen wieder in ihre Stammgruppen. Alle sind Expert*innen für ein Thema und tragen die Ergebnisse vor. Bei der Methode erscheint es sinnvoll, dass ein Gesamtthema in vier Aspekte aufgeteilt wird. Die Teilergebnisse werden am Schluss zum Gesamtthema zusammengetragen. Die Stärke der Methode liegt darin, dass alle zu Expert*innen werden.

Lernreisen

Für alle Fächer gibt es viele interessante Lernorte außerhalb der Schule, zum Beispiel Gerichtsverhandlung, Stadtführung, Krankenhaus, Altenheim, Polizei, Feuerwehr, Museum, Aquarium. Oft sind es Menschen, die fachkundig über ein Thema informieren oder Einblick in ihren Berufsalltag geben. Das können Ärzt*innen, Polizist*innen, Richter*innen, Pfarrer*innen, Forscher*innen oder Krankenhausmitarbeitende sein. Wichtig ist, dass die Lehrkraft die Erkundungen gut plant und vorbereitet (Termin, Fahrgelegenheit, Vertretung, Anmeldung des Unterrichtsgangs, Regeln, Aufsichtspflicht usw.).
Damit die Erkundung ein Erfolg wird, sollten sich auch die Schüler*innen gut darauf vorbereiten (Wo fahren/gehen wir hin? Was erwartet uns? Welche Wünsche und Ideen haben wir?). So sollten bei Begegnungen mit Expert*innen gemeinsam Fragen entwickelt und Erwartungen geklärt werden. Die Erfahrungen werden reflektiert und fließen in den Unterricht ein. Eventuell können die Schüler*innen einen Beitrag für die Schulhomepage oder die örtliche Tageszeitung verfassen.

Flipped Classroom

„Traditionell" erarbeiten Lehrer*innen und Schüler*innen Themen im Unterricht und Letztere erhalten Hausaufgaben zur Weiterarbeit und Vertiefung. Flipped Classroom ist ein Konzept, das dieses Modell auf den Kopf stellt. Die Lernenden eignen sich die Inhalte und Kompetenzen, die sonst im Unterricht vermittelt werden, selbstständig zu Hause an. Unterstützt werden sie dabei zum Beispiel durch Erklärvideos, die von der Lehrkraft dafür produziert wurden. Im Unterricht selbst wird dann das selbstständig Erlernte vertieft und angewandt. So können die

Schüler*innen in der Selbstlernphase in ihrem eigenen Tempo und mit ihren persönlichen Lernstrategien arbeiten. Die Rolle der Lehrkraft ist dabei vor allem die der Lernbegleitung. Zu Beginn kann die eigene Verantwortung für den Lernprozess für manche Schüler*innen schwierig sein. Besonders bei lernschwächeren Schüler*innen besteht die Gefahr, dass sie abgehängt werden. Daher ist es hilfreich, sich zuerst mit dem Konzept vertraut zu machen, es Schritt für Schritt einzuüben und einzelne Schüler*innen besonders zu begleiten.

Lerntypenorientiertes Lernen

Je vielfältiger eine Lernumgebung gestaltet ist, desto besser kann man alle Schüler*innen mitnehmen. Zur Organisierung des Lernprozesses ist es hilfreich, die Schüler*innen zu befragen, welchem Lerntyp sie sich zuordnen. Dazu stellt die Lehrkraft zunächst die verschiedenen Lerntypen vor und vertieft diese gemeinsam in einem Gespräch mit den Lernenden:

Der **auditive** Typ nimmt Informationen vor allem durch Hören auf.
Der **visuelle** Typ bevorzugt Lernen durch Sehen bzw. Beobachten.
Der **motorische** Typ experimentiert gern und bevorzugt Lernen durch Anfassen und Fühlen.
Der **kognitiv-intellektuelle** Typ bevorzugt Lernen durch Lesen und Denken.
Der **kommunikative** Typ setzt sich gern sprachlich mit Inhalten auseinander.

Gemeinsam wird überlegt, mit welchen Medien und Methoden der Unterricht lerntypenorientiert gestaltet werden kann. Die Lerntypen sind keine statischen Begriffe, sie können erweitert und angepasst werden.

Classcraft – spielerisches gemeinsames Lernen

Eine spannende Möglichkeit, den Unterricht spielerisch zu gestalten, bietet das Fantasy-Online-Rollenspiel Classcraft (*https://www.classcraft.com/de/*). Es sorgt für Motivation und Spaß beim Lernen. Dazu suchen sich die Schüler*innen am Schuljahresbeginn einen Avatar aus, den sie im Laufe des Jahres weiterentwickeln. Dabei können sie unter mehreren Charakteren auswählen: Krieger*innen beschützen das

Team, Heiler*innen können Kräfte zur Heilung einsetzen, Magier*innen versorgen die Spieler*innen mit Action Points (AP). Im Laufe des Spiels ändern sich die Charaktere in Fähigkeiten, Ausstattung und Optik. Nach einer Spieleinführung unterschreiben die Schüler*innen den Heldenpakt. Alle sind bereit, den Rahmen des Spiels zu akzeptieren. Es gibt Experience Points (XP), durch die man in ein neues Level kommen kann. Die Bewertungsitems werden gemeinsam festgelegt (Ziel erreicht, Konzentration, Aufgaben erledigt, Fragen gestellt, Klassenarbeit, Referat usw.). Die Health Points (HP) sind Gesundheitspunkte (unvollständiges Material, Unterrichtsstörung, unentschuldigtes Fehlen, Beleidigungen usw.). Action Points (AP) helfen dem*der Spieler*in, Kräfte einzusetzen (Pause, Zusammenarbeit usw.). Mit Gold Points (GP) kann man sich etwas leisten (Geburtstag, besonderer Anlass usw.).
Die Lehrkraft verteilt die Punkte, hat einen Überblick und regelt die Aktionen. Es können kooperative Teams gebildet werden, die mit- und gegeneinander spielen. Das Spiel kann browserbasiert oder mit einer App gespielt werden. Unterschiedliche Einführungen zu Classcraft finden sich auf YouTube, zum Beispiel:
https://youtu.be/7jQYg2mEc54

Rot, grün, gelb

Immer wieder tauchen im Unterricht Fragestellungen auf, die sehr unterschiedliche Positionen und Meinungen hervorrufen. Um den Rückmeldungen der Schüler*innen von Anfang an eine Struktur zu geben, ist die Ampelmethode hilfreich. Es werden Zettel mit unterschiedlichen Farben (rot, grün, gelb) ausgelegt, auf denen man seine Meinung notieren und begründen kann. Rot: Stopp! Das kann ich nicht akzeptieren! Gelb: Da habe ich doch einige Bedenken! Grün: Da kann ich grünes Licht geben. Damit bin ich einverstanden!
Die Schüler*innen schreiben ihre Begründungen auf die jeweiligen Zettel und legen sie zu der gleichen Farbe. Nach dem Schreibprozess folgt eine Lesephase. Anschließend beginnt die Diskussion. Dazu greifen die Schüler*innen einzelne Zettel und stellen zu der Position Nachfragen. Der*die Schreiber*in bezieht dazu Stellung. Interessant wird es, wenn gleiche Meinungen unter verschiedenen Farben auftauchen.

Bildersprache

Ein visueller Impuls in Form eines Bildes kann bei manchen Themen gute Impulse setzen. Im digitalen Zeitalter braucht es dazu keine aufwändig gesammelten Fotokarteien mehr. Gute lizenzfreie Fotos finden sich beispielsweise auf der Seite *https://pixabay.com*. Nach Auswahl eines Fotos kann es heruntergeladen und präsentiert werden. Zur strukturierten Bilderschließung können drei Schritte hilfreich sein:

1. Bildbeschreibung: Was sehe ich? Wie ist das Bild aufgebaut? Welche Farben sind vorherrschend?
2. Gefühle: Welche Gefühle löst das Bild in mir hervor? Wie ist die Stimmung des Bildes?
3. Interpretation: Was sagt das Bild? Welchen Titel gebe ich dem Bild?

Eine weitere Möglichkeit wäre eine Bildbefragung, bei der zwei Schüler*innen abwechselnd Fragen an das Bild stellen. Es endet, wenn die Fantasie erschöpft ist. Bei diesen Methoden geht es nicht um Antworten, sondern um Fragen, die Neugier und darum, ein Problembewusstsein zu wecken.

Expert*innengespräch

Bei vielen Themen ist es eine Bereicherung, eine*n externe*n Expert*in in den Unterricht einzuladen. Wichtig ist dabei, das Treffen gut vorzubereiten. Dazu erfolgt zunächst (z.B. durch Gespräche mit Schüler*innen oder Kolleg*innen) eine gezielte Auswahl des*der Expert*in (Auf welchem Gebiet sollte er*sie fachliche Expertise in theoretischen oder praktischen Fragen mitbringen? Wie kann er*sie den Unterricht bereichern und die Schüler*innen für das Thema begeistern?). Die Lehrkraft nimmt Kontakt auf und bespricht die Möglichkeiten eines Expert*innengespräches. Die Lernenden bereiten sich ebenfalls auf das Gespräch vor, indem sie interessante Fragen sammeln.

Gemeinsam sollte der Ablauf der Veranstaltung geplant werden. Die Moderation übernehmen zwei Schüler*innen. Es kann bereits zu Beginn der Veranstaltung interessant werden, wenn der*die Expert*in sich vorstellt und über seine*ihre Tätigkeit berichtet. Die wichtigsten Erkenntnisse werden gemeinsam in einem Etherpad (z. B. *https://zumpad.zum.de*) zusammengefasst. Vielleicht kann in Absprache mit dem Gast die Veranstaltung als Video aufgenommen werden, um diese später im Unterricht zu reflektieren.

Offene Unterrichtsformen

Mithilfe handlungsorientierter Methoden organisieren die Schüler*innen Lerninhalte selbstständig und erschließen Themen und Fragestellungen eigenverantwortlich. Der Unterricht wird methodisch und organisatorisch geöffnet (z. B. Projektarbeit, Stationenlernen, Spielewerkstatt). Die Schüler*innen entscheiden selbst, wie lange, mit wem und was sie lernen. Für die Lehrer*innen bedeutet das nicht, dass sie sich bequem zurücklehnen können, während die Schüler*innen arbeiten. In der Vorbereitung müssen Materialien ausgesucht oder Aufgaben formuliert werden. Der Ablauf muss strukturiert und die Lernumgebung anregend gestaltet werden. In der Hinführung auf offene Lernszenarien sollten das Interesse und die Neugier der Schüler*innen und ihre Bereitschaft zum selbstständigen Arbeiten geweckt werden. Während der Arbeitsphase begleitet der*die Lehrer*in die Lernenden als Coach*in und Beraterin*in.
Offene Unterrichtsformen regen die Entdeckungsfreude und das Experimentieren an. Es kommt viel Bewegung in den Lernprozess der Schüler*innen durch kreative Denk- und Handlungsphasen. Am Ende werden die Arbeitsergebnisse gesichert oder präsentiert. Auch hier können die Lernenden neue Ideen ausprobieren, um ihre thematische Auseinandersetzung vorzustellen und zu erläutern.

Projektarbeit – Lernen durch kreatives Handeln

Eine zeitlich begrenzte Projektarbeit mit festen Arbeitsgruppen, die vorzugsweise in verschiedenen Räumen bzw. im virtuellen Raum zusammenarbeiten, motiviert im Lernprozess zusätzlich. Wichtig ist, dass es einen Plan gibt und die Arbeitsphase sich handlungsorientiert und selbstgesteuert gestaltet.

Dazu bilden die Schüler*innen zunächst Arbeitsgruppen, die ihre Aufgabenstellung aus einem übergeordneten Thema entwickeln. Das Vorgehen wird geplant und die Aufgaben werden verteilt. Daraufhin recherchieren, diskutieren und verarbeiten die Teams die Ergebnisse in unterschiedlichen Medien (Video, Text, Grafik, Musik, Bild, Zeichnung usw.). Am Ende werden die Arbeitsergebnisse präsentiert und erläutert. Einzeln, in der Gruppe und gemeinsam erfolgt eine Reflexion der Projektarbeit. Dabei stehen die unterschiedlichen Kompetenzen (Fachkompetenz, Methodenkompetenz, Sozialkompetenz, persönliche Kompetenz) im Mittelpunkt. Die Ergebnisse werden zusammengetragen und dokumentiert, sodass jede*r einen Zugang dazu hat.

BarCamp

Ein BarCamp ist eine offene Tagung, bei der die Teilnehmenden Themen und Ideen diskutieren, neue Impulse erhalten und sich über ihre Erfahrungen und ihr Wissen austauschen. Ein BarCamp besteht aus sogenannten Sessions (zeitlich begrenzte Phasen, in denen Gruppen etwas miteinander erarbeiten). Eine Session ist eine Art Workshop und mehrere Sessions finden parallel statt, sodass man sich in einem Sessionplan aussucht, an welchen Veranstaltungen man teilnimmt. Eine Session dauert 45 Minuten. Dabei kann jede*r „Teilgeber*in" werden und selbst eine Session anbieten (Diskussion zu einem bestimmten Thema oder einer Fragestellung, Hilfesession zu einem Problem, Vortrag, Präsentation, Workshop). So kann zum Beispiel ein BarCamp für eine Unterrichtsstufe oder als Vorbereitung auf eine Abschlussprüfung gestaltet werden. Das eigentliche Programm und der Ablauf werden zu Beginn gemeinsam vor Ort geplant. Jede*r kann seine Themen und Fragen einbringen, indem er*sie aufsteht und eine Session vorschlägt. Daraus entwickelt sich schrittweise ein Sessionplan. Es ist auch möglich, bereits vorher Sessions anzukündigen oder sich ein Angebot von anderen zu wünschen. Es entwickelt sich eine Veranstaltung, in der sich die Lehrer*innen zurückziehen, die Schüler*innen planen und gestalten das Programm. Die einzelnen Sessions können in TaskCards (*https://www.taskcards.de*) oder einem Etherpad gemeinsam dokumentiert werden.

Speakers' Corner

Speakers' Corner ist ein besonderer Ort im Hyde Park in London. Dort gibt es ein einfaches Ritual: Jede Person, die etwas sagen will, stellt sich auf eine Kiste und bringt laut und vernehmlich zum Ausdruck, was ihr unter den Nägeln brennt. Unterhaltsam sind die Reden und die Zwischenrufe allemal.

Diese Methode eignet sich auch für den Unterricht, denn hier finden sich Lernende, denen manchmal etwas unter den Nägeln brennt, und sie können es nicht loswerden. Die Regeln sind einfach: Wer etwas sagen will, stellt sich auf einen Stuhl und tut seine Meinung kund. Das kann das aktuelle Unterrichtsthema, die Arbeitsweise oder Arbeitsatmosphäre betreffen. Auch die eigene Motivation oder Befindlichkeit kann thematisiert werden. So kann man Frust oder auch glückliche Momente ausdrücken. Natürlich verlangt diese Methode ein wenig Selbstvertrauen und Mut von den Akteur*innen. So wäre es gut, wenn nicht nur die, die auch sonst viel reden, zu Wort kommen. Die Lehrkraft könnte einen beispielhaften Anfang setzen. Ein schönes Ritual, das den Unterricht thematisch und menschlich bereichern kann.

Speed Dating

Die Lernenden setzen sich in zwei Kreise, wobei jede Person im Außenkreis einer Person im Innenkreis gegenübersitzt. Sie haben die Aufgabe, sich über ein vorgegebenes Thema innerhalb eines festgelegten Zeitraums (z. B. drei Minuten) zu unterhalten. Nach einem Zeichen rücken die Personen im Außenkreis jeweils um einen Platz nach rechts, sodass jede Person eine*n neue*n Gesprächspartner*in hat. So können innerhalb kürzester Zeit unterschiedliche Meinungen konzentriert und strukturiert erörtert werden. Es kann auch bei jedem Wechsel eine neue Frage bzw. ein neuer Teilaspekt eines Themas diskutiert werden.

Bei einer Variante stellen die Personen im Innenkreis jeweils Fragen und interviewen ihr Gegenüber. Oder eine Seite vertritt eine Kontra- und die gegenüberliegende

Seite eine Pro-Position. Es handelt sich um eine schnelle Gesprächsmethode mit viel Bewegung und Geräuschen. Daher sollten der Ablauf und die Regeln vor Beginn gut erläutert werden.

Visualisieren mit Storyboards

Zum kreativen Strukturieren und Erschließen von Inhalten und für die Konzentration auf wesentliche Aussagen sind Storyboards hilfreich. Ein Storyboard ist eine grafische Übersicht, die dabei unterstützt, Informationen visuell darzustellen. Das kann man analog mit Papier und Stift umsetzen oder digital auf einem Tablet. Im Bereich der Filmproduktion sind Storyboards hilfreiche Werkzeuge, um Handlungen, Kameraeinstellungen, Drehorte, Requisiten usw. gezielt zu planen.
Im Unterricht kann die Methode dabei helfen, Texte zusammenzufassen, Schritte in einem Experiment zu visualisieren oder eine Geschichte oder einen Comic zu planen. Die Visualisierung von Ideen lässt sich gut mit dem browserbasierten Tool StoryboardThat (*https://www.storyboardthat.com*) umsetzen. Dort können schon in der kostenlosen Version Settings, Personen, Hintergründe, Orte und vieles mehr ausgewählt werden.

Audiodefinition

Immer wieder ist es wichtig, Begrifflichkeiten oder Theorien genau zu umschreiben und zu definieren. Natürlich recherchieren Schüler*innen zuerst im Internet, werden meist bei Wikipedia fündig und schreiben es ab. Interessant wird es, wenn sie Fachbegriffe und deren Bedeutung selbst formulieren und vortragen sollen. Dazu können sie zum Beispiel auf der Grundlage von Quellen eigene Definitionen in Textform umsetzen. Und intensiver wird der Lernprozess, wenn die Aufgabe darin besteht, Theorien oder Begriffe in einem Audiodokument zu definieren. Dafür nehmen die Schüler*innen mit einem digitalen Aufnahmetool auf dem Smartphone eine Sprachnachricht auf. Ansprechender lässt sich das mit dem Tool QRStorage (*https://qr.kits.blog*) umsetzen. Der vorgefertigte Text (bis 2000 Zeichen) wird kopiert und eingefügt. Anschließend wird der Text in Sprache umgesetzt. Dabei kann die Speicherdauer (ein, sechs oder zwölf Monate) festgelegt werden. Es wird ein QR-Code erstellt, der heruntergeladen wird. Die Audiodefinitionen und -beschreibungen werden nun im Klassenraum verteilt und bei einem Rundgang angehört.

Interaktive Lerninhalte mit H5P

Eine spannende Möglichkeit, digitale und interaktive Lerninhalte zu erstellen, bietet das Onlinetool H5P (*https://h5p.org*). Die mit der Open-Source-Software erstellten Materialien können online genutzt und geteilt werden. Im ersten Schritt wird ein Inhaltstyp ausgewählt (z. B. Quiz, interaktives Video, Zeitstrahl, interaktive Bilder). Nach der Auswahl wird die Vorlage geladen und mit eigenen Inhalten gefüllt. Die meisten Eingabemasken sind ohne Beschreibung gut umsetzbar. Bei komplexeren Aufgabenarten bieten Anleitungen Unterstützung. Auch bereits erstellte Inhalte können eingefügt werden. Zum Ausprobieren und Erkunden von H5P eignet sich die Seite *https://einstiegH5P.de*. Es ist keine Registrierung erforderlich und die Seiten werden sechs Stunden gespeichert. ZUM-Apps (*https://apps.zum.de*) bietet für Lehrkräfte einen kostenlosen Onlinespeicher (mit Registrierung). Eine ausführliche Anleitung findet sich auf der Seite *https://h5p.glitch.me*.

Interaktive Videos mit H5P

Als Grundlage benötigt man zunächst ein Video (z. B. ein YouTube-Video), das interaktiv gestaltet werden soll (auf Urheberrechte achten!). Dieses wird in H5P hochgeladen oder es wird der YouTube-Link eingefügt. Das Video wird an der entsprechenden Stelle gestoppt. Dann können interaktive Elemente hinzugefügt werden. Die Art der Interaktion wird eingefügt (z. B. Textelement, Lückentext, Tabelle, Link, Bild, Frage mit Auswahlmöglichkeiten, Statement, Multiple-Choice-Frage) und der Inhalt wird gespeichert. So kann an mehreren Stellen des Videos eine Interaktion eingefügt werden. Am Ende des Videos kann noch eine zusammenfassende Aufgabe erstellt werden.

Am einfachsten teilt man das interaktive Video auf einer Homepage oder einem Lernmanagementsystem mit den Schüler*innen. Hat man einen Account bei *https://h5p.org*, kann das Video dort in den eigenen Materialien gespeichert werden. Der Link wird mit den Lernenden geteilt und sie können sich die interaktiven Aufgaben so oft ansehen, wie sie wollen.

Eine hilfreiche Anleitung hierzu: *https://www.youtube.com/watch?v=irAXRzEAW3A*

Storytelling

Die Menschen haben sich schon immer Geschichten erzählt, um ihre eigenen Erfahrungen zu verarbeiten oder um etwas anschaulich zu erklären. Und so bietet es sich an, das Geschichtenerzählen als eine Möglichkeit der Weltdeutung im Unterricht zu nutzen. Das Verpacken von Informationen, Fragen oder Themen in einer Geschichte ist eine besondere Form der Auseinandersetzung und inhaltlichen Vertiefung. Storytelling regt die Fantasie an und fördert kognitive und sprachliche Kompetenzen. Eine gute Geschichte ist unterhaltsam, spannend und bleibt im Gedächtnis hängen.

Eine solche Geschichte kann aus den klassischen Elementen Einleitung, Hauptteil und Schluss bestehen. In der Einleitung wird in eine Situation eingeführt und die Hauptperson vorgestellt. Im Idealfall kann dies mit einer Problemsituation oder -frage verknüpft sein. Im Hauptteil wird die Geschichte in einem Spannungsbogen entfaltet. Am Schluss wird die Geschichte abgerundet und führt zu einer Lösung. Ein offener Schluss könnte vor allem zum Weiterdenken und -diskutieren anregen. Zur Hinführung und Übung könnten konkrete Alltagsgeschichten hilfreich sein, die sich die Lernenden gegenseitig erzählen. Das Geschichtenerzählen kann in vielen Fächern hilfreich sein, um in ein Thema einzuführen oder es zu vertiefen.

Zum Üben bietet die Internetseite *https://davebirss.com/storydice/* visuelle Symbolwürfel, die durch Würfeln immer wieder neue Zeichnungen hervorbringen, mit deren Hilfe kurze Geschichten erzählt werden sollen.

Interaktive Geschichten mit Twine

Das kostenlose Open Source Tool Twine (*https://twinery.org*) ist ein hilfreiches Werkzeug zum kreativen Schreiben, zum Geschichtenerzählen und für Textadventures. Es ermöglicht die kreative Entwicklung von interaktiven Erzählstrukturen. Eigentlich ist Twine ein Programmiertool zum Entwickeln von Abenteuergeschichten und wird gerne in der Spieleentwicklung eingesetzt. Durch das Anlegen von verzweigten Textbausteinen können spielerische Elemente eingefügt werden. Zum Programmieren benötigt man nur einige grundlegende Befehle, Strukturelemente

und Erzählebenen. So können unterschiedliche Wege vorgegeben und Punkte gesammelt werden.
Im Unterricht entwickeln die Schüler*innen eigene interaktive Geschichten mit mehreren Erzählsträngen und setzen diese mithilfe von Twine kreativ um. Dabei erhalten sie Einblicke in unterschiedliche Formen interaktiver Geschichten und in das Genre der Textadventures. Dabei ist das Prinzip „Learning by Doing" sinnvoll. Die Schüler*innen finden selbst in Teams Zugänge und lernen durch Versuch und Irrtum. Viele hilfreiche Anleitungen bieten die Seiten *http://medienkompetent-mit-games.de/textadventure-mit-twine* und *https://open.education/7-twine.php*.

Interaktive spielerische Lernabenteuer

Im ersten Schritt erstellt die Lehrkraft einen Account auf der Seite *https://deck.toys*. Nach der Formulierung eines Decknamens folgen drei Schritte:
Art des Lernweges: Linear folgt ein Lernweg dem anderen oder die Lernenden legen ihren Lernweg selbst fest. So kann auch die Lehrkraft das Lernen differenziert gestalten. Es folgt die Auswahl des Lernsets (eigene Materialien oder bereits vorbereitete Sets). Im nächsten Schritt wird der vorgegebene Lernweg mit den einzelnen Aufgaben angezeigt. Die Schüler*innen müssen diese Aufgaben lösen, um weiterzukommen und zum Ziel zu gelangen.
Die Aufgabentypen (Study-Set) und spielerischen Elemente sind vielfältig (z.B. Vokabeln lernen, YouTube-Videos, Anleitungen, PowerPoint, FlashCards, Wörtersuche, Puzzle, Memory). Die Schüler*innen erhalten eine direkte Rückmeldung, ob ihre Lösungsangaben richtig oder falsch sind. Um die Spielfreude zu erhöhen, kann der Hintergrund individuell gestaltet werden. Durch das Verteilen von Punkten wird die Motivation gesteigert. Die Lehrkraft legt einen Klassenraum an, in dem sie die Lernspiele ablegen kann. Über einen bereitgestellten Link erhalten die Lernenden einen Zugang zum Material.
Ein Tutorial findet sich unter: *https://www.youtube.com/watch?v=MC6GnUMrTfc*

Textfetzen

Ein für den Unterricht vorgesehener Text wird in mehreren Zeilen (große Schrift) auf DIN A3 ausgedruckt. Die Zeilen werden einzeln ausgeschnitten und gemischt.

Es werden kleine Teams (zwei bis drei Personen) gebildet. Jede Gruppe greift nach einer Zeile. Alle Zeilen werden dann laut nacheinander vorgelesen. Natürlich ergibt diese bunte Mischung an Satzfetzen keinen Sinn. Die Aufgabe besteht darin, dass die Gruppen zunächst darüber spekulieren, worum es in dem Text geht. Im nächsten Schritt werden die einzelnen Textfetzen zu einem Gesamttext zusammengeklebt. Dies bedarf einer genauen Lesearbeit und des Austausches. Am Schluss wird der gesamte Text gelesen und das Ergebnis kann zur Weiterarbeit genutzt werden.

Textassoziationen

Mithilfe dieser Idee erhalten die Schüler*innen eine kreative Hinführung zu einem unbekannten Text. Dazu unterstreicht die Lehrkraft Schlüsselbegriffe oder -phrasen im Text, schreibt diese auf DIN-A4-Blätter und verteilt sie im Klassenraum. Die Lernenden haben die Aufgabe, zu den Begriffen Assoziationen auf den Blättern zu notieren. Das können Fragen, Kommentare oder Erfahrungen sein. Dazu bewegen sich die Schüler*innen ruhig im Raum zwischen den Begriffen. Eventuell entstehen Schreibgespräche, indem auf einzelne Äußerungen reagiert wird. Auch Symbole oder Illustrationen können genutzt werden, um die Bedeutung der Wörter und Phrasen zu erarbeiten. Im nächsten Schritt wird im Gespräch versucht, ein Gesamtbild zu entwerfen und Ideen zum Text zu entwickeln. Anschließend werden die Wörter dazu genutzt, Schritt für Schritt einen Text zu entwickeln oder eine Geschichte zu erzählen. Das funktioniert als Erzählkette, indem jede Person, die möchte, einen Satz formuliert. Nach dieser intensiven Assoziationsübung wird der Originaltext vorgelesen. Anschließend kann damit gearbeitet werden und die Lernenden haben einen interessanten Zugang zu dem unbekannten Text.

Markt der Möglichkeiten

Bei dieser hinführenden Erarbeitungsmethode wird der Klassenraum als Markt, auf dem an verschiedenen Ständen unterschiedliche Materialien und Medien angeboten werden, inszeniert. Dazu gehören: Fachbücher, Lexika, Filme, Podcasts, Notebooks mit vorbereiteten Internetseiten, Musik, Bildersammlungen usw. In einer vorgegebenen Zeit sichten die Schüler*innen die präsentierten Angebote. In einer Reflexions- und Besprechungsrunde werden die Eindrücke ausgetauscht. Das offene Lernarrangement soll vor allem die Neugier der Lernenden wecken und zu einer ersten Auseinandersetzung mit einem Thema anregen. Als Ergebnis einer sich daran anschließenden intensiven Arbeitsphase bereiten die Schüler*innen in einer kreativen Phase eine multimediale Ausstellung vor. Dabei wird das Thema aus unterschiedlichen Perspektiven und mit verschiedenen Medien vorgestellt (z. B. Infografik, Geschichte, Sachtext, Bildcollage, Comicstory, Informationsfilm, Erklärvideo, Skulptur, gemaltes Bild).

Storyline-Methode

Bei der Storyline-Methode handelt es sich um eine themenzentrierte und handlungsorientierte Methode, die von einem ganzheitlichen und fächerübergreifenden Lernansatz ausgeht. Die Schüler*innen suchen dabei Antworten auf Schlüsselfragen und nutzen dazu ihr Wissen und ihre Erfahrungen. In einer ersten Phase sammeln sie Ideen zu einer Ausgangsfrage, die dann in eine Story (Personen, Orte, Handlung, Charaktere) und einen zeitlichen und räumlichen Rahmen eingebettet werden. Schritt für Schritt entwickeln die Schüler*innen eine Geschichte, in der mehrere Probleme gelöst werden. Dabei werden die thematischen Informationen und Fakten in die Geschichte integriert. Wichtig ist dabei der rote Faden (Line), der sich durch die Erzählung zieht. Damit dies gelingt, wird jeder Schritt mit einer neuen Schlüsselfrage eröffnet, um danach eine fantasievolle Antwort zu entwickeln.

Bei dieser Methode probieren die Lernenden viel aus und entwickeln nach und nach neue, spannende Handlungsstränge. Vor allem durch die neu formulierten Problemstellungen gehen die Schüler*innen immer wieder neue Lösungswege und erschließen so schrittweise ein komplexes Thema.

Murmelrunde

Ohne viel Bewegung und Unruhe lässt sich eine Murmelrunde in allen Phasen des Unterrichts durchführen. Das kann in Partner*innenarbeit, Dreier- oder Vierergruppen geschehen. Wenn die Runden öfter durchgeführt werden, wird am besten vorher festgelegt, wer sich in welche Richtung dreht, damit die Kleingruppen entstehen. Dabei tauschen sich die Schüler*innen in einem kurzen Zeitraum über vorgegebene Fragen und Impulse aus. Alle sprechen dabei möglichst leise, damit keine zu große Unruhe entsteht. Die Gruppen müssen nicht unbedingt nach den Gesprächen ihre Ergebnisse präsentieren, denn die Runden dienen eher der Vertiefung und Klärung und weniger der Erarbeitung von Themen. Sollte doch eine Rückmeldung erwünscht sein, sollte dies vorher geklärt werden. Der Vorteil der Methode liegt in der schnellen Umsetzung, so können Murmelrunden ganz spontan situativ im Unterricht genutzt werden. Zudem bieten sie eine kleine Auflockerung und haben eine aktivierende Wirkung. Manchmal sollten sich die Schüler*innen in eine andere Richtung drehen, damit kleine Gruppenveränderungen erfolgen.

Mystery-Methode

Bei einem Mystery erkunden die Schüler*innen ein Thema wie in einem spannenden Kriminalfall. Sie sammeln – ausgehend von einer Problemsituation mit einer rätselhaften Leitfrage – selbst Fragen und Ideen und entwickeln mithilfe der Informationskarten (Basis-, Erweiterungs- und Vertiefungskarten) Lösungsansätze. Am Anfang steht eine Geschichte, die bereits bei der Fragestellung eine gewisse Spannung erzeugt und die Schüler*innen zu detektivischer Arbeit anregt. Die aktivierende, problemorientierte Methode ist in allen Fächern einsetzbar und fördert vor allem das vernetzte Denken, denn um die Leitfrage zu beantworten, müssen die Lernenden Zusammenhänge in den bereitgestellten ungeordneten Informationen

(Mystery-Karten) entdecken und daraus Schlussfolgerungen ziehen. Grundlegend zur Lösungsfindung ist eine kooperative und kommunikative Zusammenarbeit in den Gruppen. Indem jede Person die bruchstückhaften Informationen durchsucht, um sinnvolle Zusammenhänge aufzudecken, werden gemeinsam Strategien entwickelt, um so Schritt für Schritt dem Ziel näherzukommen. Die Lösungen und Ergebnisse werden am Schluss präsentiert und diskutiert. Die Lehrkraft kann hierbei eigene rätselhafte Geschichten erfinden und die dazugehörigen Informationen aufschreiben. Verschiedene Verlage bieten fertige Unterrichtsmaterialien an.

Poetry-Slam

Poetry-Slams erfreuen sich großer Beliebtheit. Es ist ein Wettbewerb, bei dem Menschen innerhalb einer festgelegten Zeit eigene literarische Texte vortragen. Auf immer mehr Bühnen in ganz Deutschland und sogar im Fernsehen stellen sich die Schreiber*innen einem Publikum, das sie anschließend bewertet. Dabei unterscheidet sich ein Poetry-Slam von den traditionellen Dichterlesungen durch die Art des Vortrags. In der Schule kann eine Klasse einen Poetry-Slam veranstalten. Die Schüler*innen und natürlich auch Lehrer*innen können sich nach einer Ausschreibung (Termin, Ort) dazu anmelden. Bei zu vielen Interessent*innen wird eine Vorentscheidung für die Teilnahme getroffen oder es werden mehrere Termine angesetzt. Wichtig: Es dürfen nur selbst geschriebene Texte genutzt werden. Formal und inhaltlich gibt es keine Vorgaben. Ein Slammaster stellt die Interpret*innen vor und führt das Publikum durch das Programm. Die Texte können abgelesen, frei vorgetragen oder mithilfe eines Stichwortzettels präsentiert werden. Dabei ist neben der stimmlichen Interpretation (schreien, flüstern) der Einsatz des ganzen Körpers (Mimik, Gestik) zur Unterstützung des Textes erwünscht. Das Publikum kann durch zustimmende bzw. ablehnende Zurufe schon während des Vortrags eine Rückmeldung geben. Die Vorträge werden schließlich vom Publikum selbst oder von einer Jury durch Messung der Lautstärke des Applauses, Stimmzettel, Hochhalten von Gegenständen, Einwerfen von Münzen in einer mit dem Namen des*der Interpret*in beschrifteten Dose oder Befestigen einer Klammer an der Kleidung bewertet. Der*die Sieger*in erhält einen Preis (naheliegend wäre ein Buchgeschenk oder -gutschein).

Prioritätenspiel

Bei dieser spielerischen Methode geht es darum, Positionen und Meinungen zu einem Thema zunächst zu begründen und in ihrer Bedeutung abzuwägen. Dazu werden mehrere Gruppen gebildet. Jedes Team erhält zehn unterschiedliche Aussagen und Thesen, die jeweils auf einer Karte notiert sind. Die Aufgabe besteht darin, die Aussagen auf ihre Bedeutung hin zu überprüfen und schließlich fünf davon zu streichen. Die übrig gebliebenen Karten werden dann einer Überprüfung ihrer Wichtigkeit unterzogen. Schließlich wird eine Rangfolge von 1 bis 5 erstellt, wobei die Nummer 1 die wichtigste Aussage ist. Anschließend stellen die Gruppen ihre Ergebnisse vor und begründen ihre Priorisierung.

In einer abgewandelten Version der Methode erstellt jede*r Schüler*in auf einem Arbeitsblatt eine eigene Priorisierung. Gemeinsam wird dann ein Mittelwert und somit eine Rangfolge aller Lernenden erarbeitet. Jede*r vergleicht seine*ihre persönliche Rangfolge mit der Gesamtrangfolge. In jedem Fall gibt es einen Gesprächsbedarf und gleichzeitig eine thematische Vertiefung.

Schaufensterpuppen

Um sich besser in einen Text oder eine Geschichte mit unterschiedlichen Personen einzufinden, werden Szenen nachgestellt. Dazu wird ein Schaufenster mit Puppen inszeniert. Die Personen, die die Puppenrollen übernehmen, werden von den Schüler*innen in eine bestimmte Position gestellt. Es wird versucht, die Beziehungen zueinander durch Nähe und Distanz darzustellen. Durch Haltung, Gestik und Mimik können Charakterzüge, Verhalten und Emotionen verdeutlicht werden. Es schließt sich eine Interpretation des Schaufensters an. Dabei können die Figuren immer wieder neu gestellt und gestaltet werden. Diese Interpretationsmethode kann durch immer wieder neue Kamerabilder festgehalten werden.

KLASSENKLIMA, SOZIALES LERNEN & UNTERRICHTSORGANISATION

Damit der Unterricht und das Lernen gut gelingen, sind gute Rahmenbedingungen und eine Klassenorganisation eine wesentliche Grundlage. Dazu zählen vor allem Absprachen und Regeln, die das Miteinander und das gemeinsame Lernen positiv beeinflussen. Auch die räumliche Ausstattung, also Lehr- und Lernräume, die für die Lernatmosphäre förderlich sind, darf nicht unterschätzt werden. Dazu sollte die Gestaltung der Stühle und Tische sowie der Sitzordnung aus pädagogischer Perspektive erfolgen. Dazu zählt ebenfalls eine Transparenz im Lehrer*innenhandeln. Die Schüler*innen sollten wissen, wohin es mit dem Unterricht geht und wie sich ein Thema gemeinsam innerhalb des Lehr- und Lernweges entwickelt.

Um ein harmonisches und produktives Klassenklima zu erreichen, ist eine gute Beziehungsarbeit wichtig. Die Lehrkraft sollte versuchen, die einzelnen Personen der Lerngruppe gut kennenzulernen, um sie differenziert und individuell unterstützen zu können.

Ein besonderes Thema sind dabei Unterrichtsstörungen, auf die jede*r Lehrer*in auf seine*ihre Art reagieren sollte. Die Methoden lassen sich nicht gleichermaßen auf alle Lerngruppen und Schüler*innen übertragen und anwenden. Damit die Lehrkraft gelassen mit solchen störenden Unterrichtssituationen umgehen kann, ist ein Austausch mit Kolleg*innen hilfreich (z. B. bei regelmäßigen kollegialen Fallberatungen). Dabei ist ein regelmäßiges individuelles Feedback für einzelne Schüler*innen hilfreich, ihre Rolle im Bildungssystem zu finden. Verhaltensregeln sind für einen störungsfreien Unterricht unabdingbar. Dabei ist es wichtig, dass die Regeln und die Konsequenzen bei Nichtbeachtung gemeinsam erarbeitet werden und sich alle daran halten müssen. Eine gute Unterrichtsorganisation und ein gutes Klassenklima tragen zur Motivation, zur Aktivierung und zu effektiv genutzter Lernzeit bei. Besonders stabilisierende Methoden stellen Rituale zur Begrüßung und zur Verabschiedung dar.

Lobrunde

Die Schüler*innen bewegen sich frei im Raum. Jede*r hat eine Karte mit mehreren Satzanfängen auf dem Rücken befestigt. Darauf stehen Sätze wie:
„Ich kann gut …", „Ich bin …", „Ich kann besonders gut …", „Ich habe …"
Durch das Handauflegen auf die Schulter einer anderen Person signalisiert man, dass man einen Satzanfang oder mehrere ergänzen möchte. Wichtig ist dabei, dass nur positive Äußerungen notiert werden, was zu Beginn der Übung manchen Lernenden ein wenig schwerfällt. So ist es wichtig, die Methode und deren Sinn und Zweck vorher zu erläutern. Es geht dabei um Motivation und Selbstwertgefühl. Am Ende kann jede*r seine*ihre Karte abnehmen und in Ruhe das Notierte durchlesen – und innerlich und äußerlich strahlen. Die Übung kann auch gut mit wechselnden Zweiergruppen durchgeführt werden.

Stimmungsbarometer

Nicht nur die Klassenleitung sollte ab und zu erkunden, wie die Grundstimmung in der Klasse ist (Wie geht es den Schüler*innen? Welche Probleme und Sorgen gibt es aktuell? Was bremst sie in ihrem Lernprozess aus? Wo brauchen sie mehr Zuwendung und Unterstützung?). Ein gutes Werkzeug dazu bietet ein Stimmungsbarometer, das mit unterschiedlichen Symbolen, Zahlen oder Smileys an die Klassenbedürfnisse angepasst wird. Die Lernenden können mit Stiften, Magneten oder Klebepunkten zu Beginn, zwischendurch oder am Ende des Unterrichts etwas eintragen. Es sollte allerdings eine freiwillige Maßnahme bleiben. Jede Lehrkraft hat so die Möglichkeit, die Stimmung in der Klasse in visualisierter Form herauszufinden. Natürlich kann daraufhin nachgefragt werden und vielleicht entsteht so ab und zu ein hilfreiches Gespräch über das Klassenklima – damit es zu keiner Klimakrise kommt!

Metapher

Die Lehrkraft erläutert und bespricht zunächst, was eine Metapher ist. Die Schüler*innen sollen ihre Klasse anschließend bildhaft umschreiben und das Bild begründen. Das sollte beispielhaft eingeübt werden. Hier einige Beispiele: „Unsere Klasse ist wie ein Wanderzirkus: Wir machen spannende und kurzweilige Aufführungen!", „Wir sind wie eine gute Fußballmannschaft: Unser Zusammenspiel ist gut organisiert und wir wollen Tore schießen!" Die Lernenden notieren in Einzel- oder Partner*innenarbeit ihre Ideen auf jeweils einem Blatt. Die Ergebnisse werden präsentiert und die Bedeutung und Konsequenzen für die Klassengemeinschaft besprochen. Eine Erweiterung der Übung kann eine Lehrer*innenmetapher sein, zum Beispiel: „Unser Lehrer ist wie ein Gärtner: Er hegt und pflegt und tut alles, damit die Pflanzen gut gedeihen!"

Märchen kollaborativ erstellen

Um das Klassenklima zu erkunden und zu beschreiben, nutzen die Schüler*innen die Form des Märchens. Darin kann in bildhafter Sprache sehr schön umschrieben werden, wie sich die Situation in der Klassengemeinschaft momentan darstellt. Dabei können die handelnden Personen verfremdet werden. So wird die Lehrkraft beispielsweise zu einem*einer liebevollen König*in oder zu einem*einer autoritären Herrscher*in. Die Fantasie bietet bei Handlung, Orten und Personen (in Anlehnung an reale Gegebenheiten) viele Möglichkeiten. Natürlich beginnt auch dieses Märchen mit „Es war einmal …" Und dann können die Schüler*innen ihrer Fantasie freien Lauf lassen.

Das Schreiben eines Märchens braucht Zeit und Ruhe – und ein wenig gegenseitige Inspiration. Das kollaborative Schreiben des Klassenmärchens lässt sich gut mit einem Etherpad umsetzen (z. B. *https://pad.kits.blog*). In dem einfachen Schreibwerkzeug schreiben die Lernenden gemeinsam und korrigieren oder ergänzen immer wieder. Dabei können sie schreiben, wann und wo sie wollen. Es werden lediglich der Endzeitpunkt für das fertige Produkt und die anschließende Märchenerzählrunde festgelegt.

Knoten lösen

Das Knotenspiel ist einfach umzusetzen und bietet viele Ansätze zur Reflexion. Dazu stellen sich zunächst ca. zehn Schüler*innen in einem Kreis Schulter an Schulter auf. Alle strecken die beiden Hände nach vorne hoch in die Mitte. Dann greift jede*r mit jeder Hand nach einer anderen. Dabei gibt es nur zwei Grundregeln: Es darf nicht die Hand des*der Nachbar*in sein und es dürfen keine zwei Hände einer Person gegriffen werden. Nun ist durch das Handgemenge ein riesiger Knoten entstanden. Die Aufgabe besteht darin, den Knoten zu lösen, ohne die Hände loszulassen. Dabei entsteht viel Bewegung. Ab und zu kann es auch laut werden. Wenn die Regeln eingehalten werden, entsteht am Ende ein Kreis, manchmal auch zwei.
Auf jeden Fall wird danach reflektiert, was passiert ist, denn dies ist ein Kommunikationsspiel, das viel über die Spielgruppe aussagt (Wer hatte das Kommando? Haben sich alle bei der Lösung des Problems beteiligt? Wie habe ich mich bei der Aufgabe gefühlt?). Die Erfahrungen werden besprochen und bestimmt geht es dabei auch um den Zusammenhalt der Klasse und die Frage, wie dort mit Problemen umgegangen wird.

Visitenkarte

Eine Visitenkarte bietet Informationen über einen Menschen: seinen Namen, seine Anschrift, seine Telefonnummer, seine E-Mail-Adresse und seine Funktion oder berufliche Stellung. Bei dieser Übung zieht jede*r Schüler*in zunächst den Namen eines*einer Mitschüler*in. Die Aufgabe besteht darin, eine Visitenkarte für die andere Person herzustellen. Im Mittelpunkt stehen dabei besondere Merkmale und Eigenschaften, die er*sie für die Klassengemeinschaft einbringt. Das kann sowohl das Lernen als auch das soziale Verhalten betreffen. Der Name wird durch eine Eigenschaft/Tätigkeit ersetzt: der*die Streitschlichter*in, der*die Zuhörer*in, der*die Muntermacher*in oder der*die Motivator*in. Darunter wird die Eigenschaft näher erläutert (z. B. Er hat für jeden in der Klasse Zeit, um zuzuhören!).
Anschließend werden die Visitenkarten ausgelegt und begutachtet. Die Schüler*innen können Vermutungen anstellen, wer mit der Visitenkarte gemeint

sein könnte. Die Karten können analog oder digital erstellt werden (z.B. auf *https://flinga.fi* oder einem anderen Whiteboard).

Komplimente verschenken

Komplimente und Lob zu verschenken fördert das wertschätzende und empathische Miteinander. Außerdem fördert es das Selbstbewusstsein. Das Loben der Schüler*innen ist ganz einfach und kann zwischendurch im Unterricht verteilt werden. Man sollte es allerdings nicht übertreiben, da die Komplimente sonst unecht wirken. Das Verteilen von Komplimenten sollte also echt sein und in einer bestimmten Unterrichtssituation erfolgen. Das kann zum Beispiel bei der Rückgabe von schriftlichen Arbeiten oder bei Antworten der Lernenden erfolgen. Es kann öffentlich während des Unterrichts oder im Einzelgespräch am Unterrichtsende sein. Es braucht keine langen Ausführungen, um ein Lob auszudrücken, es kann auch ganz kurz sein: Tolle Leistung! Du kannst stolz auf dich sein! Das hast du gut gemacht! Mach weiter so! Du strahlst Ruhe aus! Deine Antworten überraschen mich immer wieder! Vorbildlich! Gut gemacht! Alle Achtung!
Unsere Worte als Lehrer*innen haben bei vielen Schüler*innen eine große Wirkung und hinterlassen Spuren. Die Lernenden können sich ihre Komplimente auch selbst aussuchen, indem sie an einem vorbereiteten Blatt ein Kompliment abreißen und mitnehmen. Eine weitere Möglichkeit sind Komplimente-Briefe. Jede*r schreibt seinen*ihren Namen auf ein Blatt, das dann die Runde macht. Alle erhalten von allen jeweils ein Kompliment. Nach dem Eintrag wird das Blatt umgeknickt. Jede*r entfaltet am Schluss seinen*ihren Komplimente-Brief – das tut gut!

Beziehungsaufbau

Bei einer neuen Klasse geht es zu Beginn vor allem darum, Beziehungsarbeit zu leisten. Das betrifft nicht nur die Schüler*innen, sondern auch die Lehrkraft. Es geht zunächst um das gegenseitige Kennenlernen, nicht nur um Namen, Hobbys oder Wohnort. Viel wichtiger ist es in dieser Phase, die Bedürfnisse, Interessen und Wünsche zu äußern. Es geht um ein authentisches Kennenlernen! Dabei dürfen Fragen, Unsicherheiten oder Ziele geäußert werden. Jede Person darf sagen, wie sie sich fühlt und was sie gut kann. Jede Person darf sich von der besten Seite präsentieren.

Jede Person erhält Beachtung und Aufmerksamkeit.
Eine solche Fürsorge ist der Beginn einer Beziehungsarbeit in der Klassengemeinschaft, die sich nach und nach entwickelt. Es ist eine Art Vorsorge für Krisensituationen, die es in jeder Klasse gibt. Eine gute Beziehung fördert die Lösung von Problemen und Konflikten. Dabei sind gemeinsame Aktionen, Gespräche, Spiele oder ein Frühstück förderlich. Und Lernen gelingt besser, wenn es von vertrauten Beziehungen getragen wird.

Kummerstunde

Häufig kommt es zu Unterrichtsstörungen, weil einzelne Schüler*innen unruhig und unkonzentriert sind und dem Unterrichtsgeschehen nicht mehr folgen. Ursachen können persönliche Sorgen oder einfach Langeweile sein. Daher ist es wichtig, dass die Schüler*innen Möglichkeiten haben, ihren Frust und Kummer zu artikulieren und loszuwerden. Eine einfache Möglichkeit dazu bietet ein Kummerkasten, der im Klassenraum befestigt wird. Dort werfen die Schüler*innen ihr Anliegen in schriftlicher Form ein. Das geschieht anonym oder mit Nennung des Namens. Zusätzlich wird vermerkt, ob die Nachricht nur für die Lehrkraft oder für alle bestimmt ist. Ein vorgefertigter Kummerzettel erleichtert die Hürde für die Lernenden womöglich. Regelmäßig wird eine Kummerstunde eingerichtet, in der Gelegenheit besteht, persönlich oder gemeinsam über die formulierten Probleme zu sprechen. Dabei sollte die Lehrkraft allerdings ihre eigenen Grenzen in der Beratung beachten. Das betrifft vor allem persönliche und existentielle Fragen. Hilfreich kann es sein, ab und zu eine*n professionelle*n Berater*in (z. B. schulpsychologischer Dienst oder Familien- und Lebensberatung) einzuladen. Falls ein schulisches Kriseninterventionsteam besteht, gibt es hier Unterstützung.

Klassenregeln und -dienste

Für einen strukturierten, ruhigen und geregelten Unterrichtsverlauf sind gemeinsam erstellte Tipps bzw. Regeln für ein gutes und zufriedenes Zusammenleben sehr hilfreich. Sie fördern ein gutes Klassen- und Lernklima und das Wohlbefinden innerhalb der Lerngruppe. Die Regeln strukturieren unterschiedliche soziale Situationen und fördern die Verhaltenssicherheit.

Daneben kommt den Klassendiensten eine besondere Bedeutung zu. Sie helfen, den Schulalltag und das Klassenzimmer zu organisieren. Dabei geht es um Verantwortung durch die Übernahme einer zeitlich begrenzten Aufgabe zum Wohle der Gemeinschaft. Auch diese Dienste werden gemeinsam erarbeitet und ihre Bedeutung wird regelmäßig reflektiert. Klassische Klassendienste sind Tafeldienst, Klassenbuchdienst, Mülldienst, Austeildienst, Kehrdienst, Pflanzendienst, Kalenderdienst und Materialdienst.

In der Coronazeit haben sich zusätzlich Lüftungsdienst und Hygienedienst bewährt. Immer wieder können neue Dienste entwickelt und an bestimmte Klassensituationen angepasst werden (z. B. Stilledienst oder Streitschlichter*innen). Die Dienste sollten regelmäßig wechseln und alle Schüler*innen sollten beteiligt werden. Sinnvoll ist es außerdem, dass immer zwei Schüler*innen einen Dienst übernehmen. Eine Klassendienstliste bietet sich an, um die unterschiedlichen Dienste zu strukturieren und zu planen.

Blinde Gestaltungsversuche

Bei dieser Übung stehen Konzentration und Zusammenarbeit im Mittelpunkt. Gemeinsam soll eine Lösung gefunden und gestaltet werden. Auf dem Boden liegt ein langes Seil, das an den Enden zusammengeknotet ist. Die Schüler*innen verbinden sich die Augen, sodass sie nichts mehr sehen können. Sie werden dann einzeln am Seil positioniert und fassen es an. Die Aufgabe besteht nun darin, aus dem Seil eine vorgegebene geometrische Figur zu formen. Das ist zum Beispiel ein Kreis, ein Quadrat oder ein Dreieck. Durch Fühlen und Zurufen versuchen sie die Form zu gestalten. Dabei darf das Seil nicht losgelassen werden. Am Ende wird das Seil abgelegt. Alle öffnen die Augen und betrachten die Figur. Der Legeprozess wird reflektiert. Dabei kommen die Schüler*innen automatisch auch zu gruppendynamischen Erkenntnissen.

Balance herstellen

Bei dieser Übung wird eine lange Stange oder ein Zollstock benötigt. Die Schüler*innen stehen sich in zwei gleich langen Reihen gegenüber. Jede*r streckt seinen Zeigefinger in Brusthöhe nach vorne. Es entsteht eine Art Reißverschlusssystem. Der Zollstock wird von der Lehrkraft auf die Finger gelegt, sodass ihn jede*r berührt. Die Aufgabe besteht darin, den Stock gemeinsam in Richtung Boden zu bewegen. Dabei müssen alle den Stock immer berühren. Wenn dies nicht der Fall ist, beginnt die Übung von vorn. Die Schüler*innen werden sehr schnell merken, dass die Umsetzung der Aufgabe nicht einfach ist. Gemeinsam sollen sie die Lösung des Problems klären, wozu sie Strategien und Absprachen treffen müssen. Immer wieder beginnt die Übung von vorn, bis das Ziel erreicht ist. Die Lehrkraft ermuntert die Lernenden, nicht aufzugeben und gemeinsam an dem Ziel zu arbeiten. Das Spiel kann zu Frustrationen führen. Umso größer ist die Freude, wenn das Ziel erreicht wird. In einer Reflexion werden die persönlichen Erfahrungen und gruppendynamischen Prozesse besprochen.

Was uns wichtig ist

Für das soziale Klima in einer Klassengemeinschaft ist eine Werteorientierung überaus hilfreich. Dazu verschafft eine Übung, die sich am bekannten Tabuspiel orientiert, einen guten Zugang. Zunächst erstellen Schüler*innen eine Liste mit Werten, die für eine Klassengemeinschaft wichtig sind. Das sind zum Beispiel Ordnung, Fleiß, Achtsamkeit, Disziplin, Fairness, Freundlichkeit, Humor, Kreativität, Pünktlichkeit, Ruhe, Sauberkeit, Selbstständigkeit, Selbstvertrauen, Sozialverhalten, Verantwortung, Wahrheit oder Zivilcourage.

Die Werte werden auf Karten notiert. Unter jedem Wert notieren die Lernenden fünf Wörter, die beim Raten nicht ausgesprochen werden dürfen. Mehrere Gruppen spielen nun das Wertespiel und erhalten dazu ihre Wertekarten. Jeweils zwei Gruppen spielen gegeneinander. Wenn ein Wert erraten wird, erhält die Gruppe einen Punkt. Siegreich ist, wer am Schluss die meisten Punkte vorzuweisen hat. In einem reflektierenden Gespräch werden – ausgehend von einer konkreten

Klassensituation – einzelne Werte genauer unter die Lupe genommen. Die Schüler*innen können beschließen, bestimmte Werte für eine festgelegte Zeit besonders in den Blick zu nehmen. Das stellt eine gute Motivation für das gemeinsame soziale Lernen dar.

Jede*r kann was und alle können viel

In Zeiten von Superstars und Superhelden stehen Vorbilder im Vordergrund, die über besondere Fähigkeiten verfügen und damit die Welt retten oder in spektakulären Situationen Hilfe leisten. Gerne flüchten Kinder und Jugendliche in diese irreale Welt und stellen sich vor, dass auch sie solche Kräfte haben. Doch das ist nicht das wirkliche Leben. In der Schule erleben Schüler*innen eine Welt von Bewertungen und Beurteilungen. Sie werden meist an ihren Leistungen und ihrem Wissen gemessen.

Jede Lehrkraft kann gezielt persönliche Entwicklungsgespräche mit individuellen Rückmeldungen führen. Wenn der Unterricht so angelegt ist, dass die Vielfalt der unterschiedlichen Kompetenzen innerhalb einer Klasse im Vordergrund steht und nicht nur die Vermittlung und das Abfragen von Wissen, entwickelt sich ein neues Lernbewusstsein. Dabei steht nicht ein genormtes Lehrplanwissen im Vordergrund, sondern die Förderung und Stärkung von Kompetenzen, die individuell sehr unterschiedlich sein können. Die Lehrkraft kann dies nur gemeinsam mit den Schüler*innen umsetzen, indem der Lernprozess immer transparent bleibt und gemeinsam schüler*innenorientiert gestaltet wird. Es soll Schulen geben, in denen Schüler*innen regelmäßig „Ich-kann-was-Shows“ mit musikalischen, sportlichen, künstlerischen und vielen kreativen Beiträgen gestalten – eine Bereicherung des Schulalltags, bei der viele verborgene Talente zu Tage treten!

Geordnete Aufstellung

Damit sich die Schüler*innen in einer neuen Lerngruppe besser kennenlernen, ist eine kleine Übung in den ersten Wochen ganz hilfreich. Dazu stellen sich alle in einer Reihe auf. Die Lehrkraft nennt nun ein Ordnungskriterium:

die Reihenfolge der Aufstellung. Ein leichtes Beispiel für den Anfang: „Stellt euch möglichst schnell in alphabetischer Reihenfolge eurer Vornamen auf!" Es herrscht zunächst ein wenig Durcheinander, weil alle ihren Namen nennen und sich positionieren müssen. Ist es vollbracht, nennen die Schüler*innen nacheinander ihre Namen und die Ordnung wird eventuell korrigiert. Weitere Kriterien sind zum Beispiel Schuhgröße, Geburtsdatum, Hausnummer, Straßennamen der Anschrift. Einige Vorgaben können das Lösen der Aufgabe erschweren. So sollen die Lernenden etwa nicht sprechen und sich nur mit Zeichensprache verständigen. Wenn das Spiel öfter durchgeführt wird, werden die Schüler*innen immer sicherer und lernen sich viel besser kennen. Sie können selbst Vorgaben entwickeln, die sicher viel Unterhaltung und Spannung erzeugen werden.

Konflikte lösen

In einer Klasse kommt es hin und wieder zu Konflikten und Streitereien. Manchmal sind es private Dinge zwischen einzelnen Schüler*innen, manchmal Probleme mit einer Lehrkraft. Dabei geht es um den Unterricht, um Leistungsüberprüfungen oder Noten. Daher gehört es zu einem ganzheitlichen Lernen, dass Kinder und Jugendliche Kompetenzen erwerben, wie sie Konflikte zufriedenstellend lösen können. In manchen Schulen werden Streitschlichter*innen-Workshops durchgeführt, um einzelne Schüler*innen aus möglichst vielen Klassen mit Konfliktlösungsstrategien vertraut zu machen. Jede Lehrkraft kann in jeder Klasse bei konkreten Konfliktsituationen mit den Schüler*innen arbeiten, um Streitereien oder Probleme beispielhaft zu besprechen. Es ist nicht immer sinnvoll, jeden Konflikt an die Schulleitung weiter zu delegieren, wenn er in der betreffenden Lerngruppe selbst bearbeitet werden kann. Auch spielerische und kreative Methoden helfen dabei. So erstellen die Lernenden zum Beispiel eine Comicgeschichte oder ein Erklärvideo, um das Thema zu bearbeiten.

Lebenskompetenzen

Junge Menschen eignen sich in der Schule viel Wissen an, manchmal auch für sie eher unnützes Wissen (Was bringt es mir, wenn ich weiß, wie ich einen Roman analysiere oder aufgrund bestimmter Formeln die großen Unbekannten finde, wenn ich nicht weiß, wie ich mein Leben sinnvoll gestalten und glücklich werden kann?). Schüler*innen lernen wenig darüber, wie sie die schwierigen Fragen des Lebens lösen und was sie tun können, wenn sie traurig sind oder existenzielle Fragen haben. Es gibt zwar die Fächer, die sich mit spezifischen Lebensthemen beschäftigen (z. B. Religion, Ethik, Philosophie), aber das geschieht meist auf einer theoretischen Ebene. Darum sollte es in der Schule in jedem Fach von Zeit zu Zeit möglich sein, über die Kunst des Lebens zu sprechen, wobei persönliche Beispiele erlaubt sind. Kompetenzen spielen im Unterricht eine große Rolle, wobei der Schwerpunkt zu häufig auf dem sachlichen und methodischen Bereich liegt. Für die Kunst des Lebens sind daneben vor allem die sozialen und persönlichen Kompetenzen wichtig. Lebenskompetenz ist zwar kein Unterrichtsfach, aber jede Lehrkraft hat die Möglichkeit, die Lebensfragen in den Unterricht einfließen zu lassen. Dazu können die Schüler*innen viele Ideen einbringen. Dann heißt es vielleicht in Abänderung eines bekannten Satzes: Nicht nur für die Schule lernen wir, sondern auch für das Leben!

Störungen haben Vorrang

Unterrichtsstörungen werden oft als unpassende Unterbrechungen des Unterrichtsverlaufs betrachtet. Wie wäre es mit einer anderen Sichtweise? – Störungen des Unterrichts haben immer Vorrang. Dieses Postulat aus der Themenzentrierten Interaktion (TZI) besagt, dass der Mensch mit seinen aktuellen Bedürfnissen und Emotionen immer im Vordergrund steht. Die TZI ist ein Konzept zum Lernen und Arbeiten in Gruppen, das die persönliche Entwicklung des Einzelnen als sozialen Lernprozess betrachtet. Auf den Unterricht übertragen bedeutet das Postulat, dass die Lehrkraft die Störung des Unterrichts durch eine*n Schüler*in bewusst wahrnimmt und darum bemüht ist, die Ursache der Störung zu klären. Was hält den*die Lernende*n davon ab, dem Unterricht zu folgen? Eine Störung ist gleichzeitig eine Botschaft. Manche Ursachen lassen sich sofort klären, andere bedürfen eines längeren Gespräches. Egal wie, die Faktoren, die zur Störung führten, sollten besprochen werden.

Klassenzimmermärchen

In einem Märchen wird Wundersames und Alltägliches in einer kurzen Erzählung miteinander verknüpft. Menschen, Tiere, Abenteuer, Übernatürliches und Zauberhaftes spiegeln menschliche Emotionen und Erfahrungen. Die Schüler*innen drücken bei einer Übung die Gegebenheiten ihrer Klassengemeinschaft in einem Märchen aus. Das wird in Form einer Erzählkette umgesetzt. Inhaltlich steht die Klasse mit ihren Schüler*innen und Lehrer*innen im Mittelpunkt. Die Lehrkraft schreibt den Satz „Es war einmal …" auf ein Blatt. Der*die erste Schüler*in erhält das Blatt und schreibt den nächsten Satz des Märchens usw. Nacheinander entsteht so das Klassenzimmermärchen, das am Ende in der fertigen Version vorgelesen wird. Als Variante werden zunächst Assoziationen gesammelt, die in das Märchen eingebaut werden.

In einer Online-Schreibwerkstatt kann ein Etherpad (z. B. *https://zumpad.zum.de* oder *https://pad.kits.blog*) zum Erstellen des Märchens genutzt werden. Um eine Erzählkette zu erstellen, erhält jede*r Schüler*in eine Zahl, die die Reihenfolge der Erzählenden festlegt.

Meine fünf Wörter / Unwörter

Was einen Menschen im positiven oder negativen Sinne bewegt, lässt sich schnell in einem Wort zusammenfassen. Diese Übung hilft Lehrkraft und Klassengemeinschaft, ein aktuelles Stimmungsbild zu erfragen. Dazu erhalten die Schüler*innen die Aufgabe, fünf Wörter (was mich momentan positiv bewegt, erfreut und interessiert) bzw. fünf Unwörter (was mich momentan ärgert oder aufregt) aufzuschreiben. Im analogen Format schreiben die Schüler*innen ihre Begriffe auf einzelne Zettel und vermerken dabei + oder –. In einer digitalen Form eignet sich eine Word Cloud bei Mentimeter (*https://www.mentimeter.com/*) gut. Die Ergebnisse werden nicht diskutiert. Die Schüler*innen betrachten die Ergebnisse in aller Ruhe und ein Blitzlicht kann die Runde abschließen.

Lückenfüller

Es gibt immer wieder Zeiten im Unterricht, in denen Lücken entstehen, die sinnvoll gefüllt werden können. Das sind manchmal fünf bis zehn Minuten, die zum Beispiel am Ende des Unterrichts oder nach einer Arbeit entstehen. Viele Lehrkräfte nutzen dazu kleine Spiele wie die Montagsmaler oder das Onlinequiz Kahoot!. Es geht darum, diese Zeiten kreativ und unterhaltsam oder als Zeit der Ruhe und Konzentration zu gestalten. Sehr beliebt sind Rätsel und Ratespiele. Je nach Situation ist manchmal Bewegung sinnvoll. Aber auch Zeiten der Entspannung und des Durchatmens können hierbei angeboten werden. Basteln und Malen sind ebenfalls beliebte Angebote. Wichtig ist, dass die kurzen zeitlichen Lücken nicht mit einem ungeduldigen und unruhigen Warten verknüpft sind, sondern sinnvoll gestaltet werden. Als Lehrkraft stellt man sich am besten ein kleines Repertoire mit Angeboten zusammen, auf das man immer zugreifen kann.

Sitzplan-Generator

Sitzpläne spielen eine wichtige Rolle bei der Unterrichtsorganisation. Manche Lehrer*innen nutzen fertige Pläne in ihren Kalendern, andere fertigen eigene Vorlagen an und tragen die Informationen dort ein. Es gibt digitale Möglichkeiten, die diese Arbeit erleichtern. Auf der Seite *http://www.sitzplangenerator.de/* gibt man ohne großen Aufwand die Angaben direkt im Browser ein. Nacheinander müssen zunächst die grundlegenden Daten wie Name der Klasse und Anzahl der Schüler*innen eingetragen werden. In einer Liste werden die Namen der Schüler*innen notiert. Anschließend werden die Daten gespeichert und generiert. Nun können die Tische angeordnet und die Lernenden zugeordnet werden. Die Sitzpläne können ausgedruckt oder verschickt werden. Mit der Funktion „Sitzplan losen" kann immer wieder eine neue Sitzordnung generiert werden.

Gruppeneinteilung

Es ist eine viel diskutierte Frage, ob die Schüler*innen am besten selbst Gruppen einteilen oder ob das besser die Lehrkraft übernimmt. Es gibt für beide Methoden Argumente. Daher ist eine Mischform sinnvoll. Lernende, die sich gut verstehen, arbeiten manchmal in einer Gruppe effektiver. Persönliche Gespräche stören andererseits den Arbeitsablauf. Teilt die Lehrkraft die Gruppen ein, kann dies beispielsweise zur differenzierten Lernförderung genutzt werden. Hier einige Ideen zur Gruppeneinteilung:

1. Die Lehrkraft klebt vor Unterrichtsbeginn farbige Punkte unter die Stühle. Ein Blick unter den Stuhl zeigt den Schüler*innen, zu welcher Gruppe sie gehören. Die Farben können für verschiedene Aufgabenstellungen genutzt werden.
2. Eine lebendigere Variante bringt bei der Suche nach der Gruppe ein wenig Bewegung in den Klassenraum. Dazu bereitet die Lehrkraft Zettel mit ähnlich klingenden Nachnamen (Meyer, Maier, Meier, Bayer, Peiher) vor. Die Schüler*innen ziehen jeweils einen Zettel und finden ihre Gruppenmitglieder durch Zuruf. Das Spiel lässt sich gut mit verschiedenen Tierlauten durchführen.
3. Mehrere Zitate werden in Satzfetzen zerteilt. Die Gruppenbildung erfolgt, indem die Schüler*innen die richtigen Zitate zusammensetzen.
4. Vor Beginn einer Partner*innenarbeit hält die Lehrkraft halb so viele Fäden wie Schüler*innen in der Mitte fest. Jede*r zieht an einem Fadenende. Die zwei, die denselben Faden festhalten, bilden eine Gruppe.

Die Lernumgebung

Eine gute Lernumgebung ist förderlich für das gemeinsame und persönliche Lernen. In Fachräumen ist das häufig der Fall, aber in Klassenräumen herrscht oft ein Durcheinander, weil es zwischen den Lehrenden kaum Absprachen bezüglich der Nutzung gibt. Es stehen unterschiedliche Lernwerkzeuge (Tafel, Whiteboard, Beamer usw.) zur Verfügung, die sehr unterschiedlich genutzt werden. Wie wäre es mit einer vorbereiteten Lernumgebung und effektiver Raumregie, die ein erfolgreiches Lernen in unterschiedlichen Fächern möglich machen? Eine gute Struktur erhält ein Klassenraum bereits mit der Einrichtung (Tischordnung, Wandgestaltung, andere Einrichtungsgegenstände). Jede*r Fachlehrer*in nutzt den Klassenraum für seinen*ihren Fachunterricht, wobei ein strukturierter Raum hilfreich ist. Der Klassenraum als Lehr- und Lernraum gibt den Lernenden Orientierung und Sicherheit. So ist es gut, wenn die Kolleg*innen zum Schuljahresbeginn nicht nur die Sitzordnung festlegen, sondern auch die Struktur des Raumes (Tische, Materialien,

Medien usw.) und die Lernumgebung den Wünschen der Lerngruppe und der einzelnen Fachlehrkräfte anpassen.

Effektive Lernzeit gestalten

Für die Lehrkraft ist es manchmal schwierig, die Unterrichtsplanungen in 45 bzw. 90 Minuten unterzubringen und dennoch eine produktive und effektive Lernzeit zu gestalten. Manchmal beginnt der Unterricht verspätet (z. B. nach der Pause oder nach dem Wechsel aus einem anderen Raum) oder der Unterrichtsverlauf wird durch unvorhersehbare Faktoren unterbrochen oder sogar gestört. Daher gehört zu einer guten Unterrichtsvorbereitung, die effektive Lernzeit realistisch einzuschätzen. Dabei ist der alte Grundsatz „Lieber weniger als mehr!" nützlich. Eine Auswahl unzähliger Impulse, Methoden und Medien verwirrt die Lernenden und behindert ein effektives Arbeiten und eine optimale Lernzeit eher. Nicht zu unterschätzen ist, dass die tatsächlich genutzte Lernzeit durch das Interesse, die Ausdauer und die Motivation der Schüler*innen beeinflusst wird.

Hilfreich für die Planung einer effektiven Lernzeit sind weiterhin die Struktur und Organisation des Unterrichts, klare zeitliche Absprachen, Auslagerung von klassenorganisatorischen Absprachen und die realistische Einschätzung des Lerntempos. Eine anregende Möglichkeit zur strukturierten Gestaltung eines selbstgesteuerten Lernens bietet die Seite *https://lernpfad.ch*.

DIE ACHTSAME LEHRKRAFT

Zu einem professionellen Handeln gehören nicht nur die fachliche und die methodische Kompetenz, die zum Unterrichten qualifizieren. Ein*e Lehrer*in ist ein Mensch mit Emotionen. Er*sie erfährt im Schulalltag Frust, Ärger, Stress, Hilflosigkeit und Belastung. Das ist die eine Seite, über die häufig geredet und geschrieben wird. Der Lehrer*innenberuf kann auch viele beglückende und zufriedenstellende Zeiten bieten. Ein*e zufriedene*r Lehrer*in hat häufig zufriedene Schüler*innen. Seine*ihre Freude am Beruf oder sein*ihr Frust wirken sich auf den Unterricht und die Lernenden aus. Daher ist es neben der fachlichen und methodischen Unterrichtsvorbereitung sehr wichtig, als Lehrkraft achtsam und gelassen mit sich selbst umzugehen. Dazu finden sich auf den folgenden Seiten einige Ideen, Übungen und Anstöße.

Visionen von Schule und Unterricht

Schule ist nicht nur ein Lernort, an dem Kinder und Jugendliche mit Kompetenzen ausgestattet werden. Schule ist ein Lebensraum, an dem Lehrende und Lernende gemeinsam Visionen von Schule und Unterricht entwickeln. Dabei geht es nicht um Träumereien, sondern um realistische Möglichkeiten, die angedacht und ausprobiert werden. Das ist innerhalb des Bildungssystems und der schulischen Entwicklungspläne ein durchaus schwieriger Prozess. Jede Lehrkraft hat im Mikrokosmos Klassenverband viele Möglichkeiten, neue Akzente zu setzen, gemeinsam Ideen zu entwickeln und im Unterricht umzusetzen (z. B. die Individualität der Schüler*innen in den Mittelpunkt stellen, digitales Lehren und Lernen fördern, Leistungsdruck mindern). Dazu bietet der pädagogische Freiraum Zeiträume zum gemeinsamen Nachdenken und Ausprobieren. Das kann ein projektorientierter Unterricht sein oder die Möglichkeit, den Unterricht komplett auf den Kopf zu stellen. Auch im Bereich der Bewertung und Notengebung können hier ganz neue Akzente gesetzt werden. Interessante Anregungen bieten sich auf der Seite des Instituts für zeitgemäße Prüfungskultur (*https://pruefungskultur.de*). Gemeinsam mit den Schüler*innen Wünsche und Visionen zu erkunden bringt die Klasse zunächst weiter, aber vielleicht wird es wie ein Schneeballsystem an der Schule weitere Impulse setzen – eine Vision!

Soziale Medien

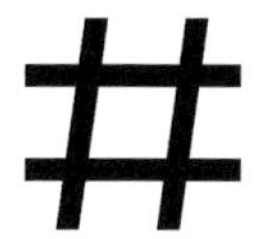

Für Lehrkräfte können die sozialen Medien eine Art Fortbildung durch Kolleg*innen bedeuten. Zum Beispiel auf Instagram (#Instalehrerzimmer) finden sich vielfältige konkrete Anregungen und Erfahrungen aus der Praxis für die Praxis. Viele Lehrkräfte stellen konkrete Unterrichtserfahrungen und -materialien zur Verfügung. Dabei ist ein direkter Austausch durch Nachfragen umgehend möglich. Man kann schnell einen eigenen Account erstellen, dabei muss man nicht unbedingt mit dem Klarnamen in Erscheinung treten. Ein passendes Foto, zum Beispiel ein Bitmoji oder Symbolbild, ist schnell erstellt. Man kann sich dann mithilfe von #Hashtags auf die Suche nach bestimmten Inhalten machen und wird schnell fündig. Es müssen nicht eigene Posts verfasst werden, um mittendrin zu sein, man kann einfach Accounts folgen oder Posts liken. Schon allein das Lesen bringt viele Inputs und neue Ideen für den eigenen Unterricht. Wichtig erscheint dabei der Aspekt des Teilens und des Austausches.

OER – legales, kostenfreies Unterrichtsmaterial

Neben dem Erstellen eigener Materialien für den Unterricht sind Lehrer*innen immer auf der Suche nach neuen Impulsen. Sehr zu empfehlen sind dabei die frei zugänglichen Bildungsmaterialien (OER – Open Educational Resources). Sie können im Unterricht rechtssicher und unproblematisch eingesetzt, kopiert oder verändert werden. Wichtig ist dabei die Lizenzmarkierung, die anderen Nutzer*innen zeigt, was möglich oder nicht möglich ist. Hier eine kleine Übersicht:

CC BY – alles ist erlaubt, Name muss genannt werden
CC BY-NC – keine kommerzielle Nutzung, Name muss genannt werden
CC BY-ND – keine Änderungen, Name muss genannt werden
CC BY-SA – unter gleicher Lizenz weitergeben, Name muss genannt werden
CC BY-NC-ND – keine Änderungen, keine kommerzielle Nutzung, Name muss genannt werden
CC BY-NC-SA – unter gleicher Lizenz weitergeben, keine kommerzielle Nutzung, Name muss genannt werden

Einen guten Einstieg in die OER-Grundlagen bietet diese Seite:
https://einstiegoer.de
Elixier ist eine Suchmaschine für Bildungsmedien:
https://www.bildungsserver.de/elixier/

4K – Fähigkeiten für das 21. Jahrhundert

Zum Thema schulisches Lernen gibt es viele Meinungen und Konzepte, die eifrig diskutiert werden. Das aus den USA stammende 4K-Modell bietet einige interessante Anregungen für das schulische Lernen.

Kreativität: Es geht darum, immer wieder etwas Neues zu denken, was ich vorher noch nicht gedacht habe.
Kritisches Denken: Im Mittelpunkt steht das eigenständige reflektierte Denken, bei dem ich logisch und systematisch vorgehe.
Kollaboration: Hierbei geht es darum, dass ich nicht nur allein denke, sondern gemeinsam mit anderen bewusst und aktiv Ideen entwickle und bewerte.
Kommunikation: Es geht darum, das eigene Denken mitzuteilen und das, was andere Menschen denken, zu verstehen.

Übertragen auf das schulische Lernen heißt das, dass Schüler*innen immer wieder neu lernen und sich so weiterentwickeln. Sie gestalten selbstgesteuert und eigenverantwortlich ihr eigenes Lernen. Und schließlich entwickeln sie die Fähigkeit, gemeinsam den Lernprozess zu gestalten und dies auch mitzuteilen. Lehrer*innen sollten das Thema Lernen nicht nur allein oder mit Kolleg*innen reflektieren. Die Schüler*innen selbst sind die Gestalter*innen ihres eigenen Lernens. Deshalb sollten wir das Thema immer wieder in allen Altersstufen reflektieren.

Mein Selbstbild als Lehrer*in

Die Lehrkraft muss eine grundsätzliche Entscheidung treffen, die Auswirkungen auf den Unterricht und damit den Lernprozess der Schüler*innen hat. Dabei geht es um das berufliche Selbstverständnis und die eigene Rolle im Lehr-Lern-Prozess: Wie sehe ich selbst meine Rolle als Lehrer*in? Wie sehen mich meine Schüler*innen?

Wie sieht mich mein persönliches Umfeld? Wie erlebe ich das gesellschaftliche Bild von Lehrer*innen?
Hier einige Rollenbilder zur Reflexion und zum Weiterdenken: Wissensvermittler*in, Respektsperson, Coach*in, Lebensbegleiter*in, Einzelkämpfer*in, Pauker*in, Fachmann*Fachfrau, Alleinunterhalter*in, Lernbegleiter*in, Beurteiler*in, Löwenbändiger*in, Alleswisser*in usw.
Das Anlegen einer Liste kann hilfreich sein. Diese kann auch anderen vorgelegt werden, um so eine Rückmeldung zu erhalten. Wichtig sind und bleiben das Gespräch mit allen am Bildungsprozess Beteiligten und der Austausch unter Kolleg*innen. Durch die eigene Reflexion und das Feedback ist man als Lehrkraft in der Lage, sein Profil zu professionalisieren.

Stimmpflege

Die Stimme ist im Lehrberuf das wichtigste Instrument. Wenn sie versagt oder erkrankt, wird es schwierig, den Beruf auszuüben. Daher ist eine kontinuierliche Stimmpflege eine wichtige Grundlage für ein gesundes Lehrer*innenleben. Die Stimme sollte effektiv und schonend eingesetzt werden.
Dazu einige hilfreiche Übungen:

* Gähne herzhaft mit offenem und geschlossenem Mund. Dabei werden Rachen- und Kehlresonanzraum geweitet.
* Lege die Lippen locker aufeinander und lasse Luft hindurchströmen. Dazu kann die Stimme eingesetzt werden (Lippenflattern).
* Schneide Grimassen nach Lust und Laune (übertrieben, fröhlich, traurig, wütend, glücklich usw.). Entspanne anschließend dein Gesicht.
* Ziehe deine Lippen erst breit und spitze sie anschließend zu einer Schnute. Wiederhole diese Übung mehrmals.
* Putze mit der Zunge die Zähne oder schiebe sie abwechselnd in die linke und rechte Backentasche.
* Seufze aus ganzem Herzen und lasse die Tonhöhe dabei fallen. Stelle dir vor, dass du nach einem anstrengenden Schultag nach Hause kommst, dich hinsetzt und mit deinem Seufzer die Anspannung loslässt.
* Summe locker ein M und klopfe dabei sanft deinen Brustkorb ab.
* Vermeide es, im Unterricht laut zu reden oder zu schreien.

Unterrichtsvorbereitung mit TaskCards

Für eine klare und gut strukturierte Unterrichtsplanung und -gestaltung bieten sich viele Möglichkeiten an. Neben den vielen analogen Ideen (Schulplaner, Ringmappe usw.) stellen die digitalen Medien eine große Erleichterung für die Vorbereitung und Transparenz dar. Gut eignet sich hierfür die virtuelle Pinnwand TaskCards (*https://www.taskcards.de*), die durch die Spaltenfunktion übersichtlich und anschaulich ist. So können unterschiedliche Farben zur Strukturierung genutzt werden (grün: Einstieg, rot: Erarbeitung, gelb: Vertiefung, orange: Reflexion). Die einzelnen Karten können innerhalb der Spalte und darüber hinaus verschoben und ergänzt werden. Für die Unterrichtsmaterialien für die Schüler*innen werden QR-Codes erzeugt, die auf eine neue TaskCard für die Lernenden verschoben werden können. Für die Planung und Durchführung einer einzelnen Unterrichtsstunde eignet sich der Zeitstrahl, auf dem die Reihenfolge und die Materialien eingefügt werden. Die Seite wird zu Beginn des Unterrichts aufgerufen und alle Materialien stehen zur Verfügung. So ist auch für die Schüler*innen immer wieder eine Transparenz gegeben.

Sammeln und Organisieren von Onlinematerialien

Eine zeitraubende und aufwändige Tätigkeit von Lehrer*innen besteht im Sammeln und Organisieren von Unterrichtsmaterialien. Die bestanden bis vor einigen Jahrzehnten vor allem aus Arbeitsblättern, Bildern, Illustrationen usw. Es wurde viel ausgedruckt und im Unterricht verteilt. Im digitalen Zeitalter spielt die Recherche im Internet eine große Rolle. Im Laufe der Jahre kommt eine Vielzahl an Links zusammen, die auf Fachseiten oder auf Bild- und Videoseiten verweist. Es gibt einige Onlinetools, die diese Arbeit komfortabel erleichtern.

Die Seite Wakelet (*https://wakelet.com*) ist eine digitale Pinnwand oder Sammelmappe, auf der Links, Videos, Bilder, Dateien und Texte gespeichert, gesammelt und organisiert werden können. Dabei werden thematische Ordner/Pinnwände erstellt, die das Suchen bei der Unterrichtsplanung erleichtern. Das Sammeln kann auch kollaborativ umgesetzt werden. Die Plattform ist kostenlos nutzbar und man benötigt zur Anmeldung lediglich eine E-Mail-Adresse. Kolleg*innen oder Schüler*innen können einen Zugang zu den Sammlungen über einen Link oder QR-Code erhalten. Die Wakelets können öffentlich zugänglich oder privat sein. Wakelet-Boards bieten neben dem Sammeln viele interessante Möglichkeiten, sie zu teilen oder im Unterricht einzusetzen. Eine Alternative bietet der Bookmark-Manager Raindrop (*https://raindrop.io*). Bei der Nutzung dieses Tools wird deutlich, welche Erleichterung ein papierloses Büro bieten kann.

Arbeitsblatt-Generator

Eine zeitaufwändige Tätigkeit bei der Unterrichtsvorbereitung besteht bei vielen Lehrkräften auch heute noch in der Produktion von Arbeitsblättern. Es ist ein beliebtes Medium, um Texte, Bilder oder Illustrationen mit entsprechenden Aufgabenstellungen auszudrucken und im Unterricht einzusetzen. Dafür bietet die digitale Welt ebenfalls Unterstützung. Das Browser-Tool Tutory (*https://www.tutory.de*) ist ein Werkzeug, mit dem Arbeitsblätter online erstellt und dann analog oder digital geteilt werden können. Die Handhabung ist auf einer überschaubaren Oberfläche recht einfach durchzuführen. Tutory funktioniert nach einem Baukastensystem und bietet vielfältige Bausteine mit vorgefertigten Layouts, die optisch ansprechend sind. Die Arbeitsblätter bieten eine übersichtliche Struktur, auf die der*die Nutzer*in zugreift. Die eigenen Inhalte werden per Drag-and-drop eingefügt und anschließend verschoben und angepasst. Es gibt einfache Textelemente, Lückentexte, Multiple-Choice-Aufgaben, Sortieraufgaben, Kreuzworträtsel, Tabellen und vieles mehr. Und natürlich kann das analoge Arbeitsblatt in ein interaktives, digitales Arbeitsblatt umgewandelt werden. Die selbst erstellten Arbeitsblätter können unter einer OER-Lizenz auf der Anbieterseite veröffentlicht werden, sodass Kolleg*innen sie ebenfalls für ihren Unterricht kostenlos nutzen können. Tutory kann nach Materialien durchsucht werden, die andere Nutzer*innen erstellt haben. Diese können dann bearbeitet und für den eigenen Unterrichtseinsatz angepasst werden. Die Arbeitsblätter können als PDF-Datei heruntergeladen und ausgedruckt werden.

Selbstlernkurse für Lehrkräfte

Es gibt Schulleitungen, denen die interne Fortbildung des Kollegiums wichtig ist. So werden Studientage zu Themen, die von allen Beteiligten vorher gemeinsam festgelegt werden, durchgeführt. Oder es gibt einzelne Kolleg*innen, die sich zusammentun und sich gegenseitig fortbilden und trainieren. Das ist vor allem nach dem Besuch von Fortbildungen sinnvoll, wobei das Erlernte im Kollegium weitergegeben wird. Auch Mikrofortbildungen, die neue Ideen und Impulse setzen, können in Präsenz oder online durchgeführt werden. Jede*r Lehrer*in hat die Möglichkeit, sein*ihr persönliches Fortbildungsprogramm zusammenzustellen. Dabei gibt es einige Angebote von Lehrer*innen für Lehrer*innen. So gibt es zum Beispiel das Projekt eines ehemaligen Lehrers mit dem Namen mobile.schule (*https://mobile.schule*) mit vielen unterschiedlichen Angeboten. Die Plattform *https://plattform.fobizz.com* bietet maßgeschneiderte Onlinefortbildungen für Lehrkräfte mit vielen praxisorientierten Themen. Neben wenigen kostenlosen Angeboten gibt es unterschiedliche Preisgestaltungen (Einzellizenz, Schullizenz oder zeitlich begrenzte Angebote für Schulen). Viele Lehrkräfte sind hier als Referent*innen engagiert. Ein weiteres interessantes Angebot bietet Studypoint (*https://studypoint.de/*), ein Selbstlernkurs für nachhaltigen Lernerfolg mit erfahrenen Trainer*innen aus der Praxis. Die Seite *https://moochub.org* bietet über 600 Selbstlernkurse und betreute Angebote. Mit ein wenig Recherchearbeit finden sich noch weitere interessante Fortbildungsangebote im Internet, um die eigenen Kompetenzen zu erweitern.

Kollegiale Fallberatung

Eine interessante und effektive Methode zur gegenseitigen Unterstützung innerhalb des Kollegiums ist die kollegiale Fallberatung: Die Teilnehmenden beraten sich in einer offenen und wertschätzenden Atmosphäre gegenseitig. Bei den Treffen gibt es unterschiedliche Rollen, die ständig wechseln: Fallerzähler*in, Moderator*in und Berater*in.

Die kollegiale Fallberatung ist als strukturiertes Gespräch nach Phasen gegliedert,

die in dieser Abfolge eingehalten werden sollten. Ein*e Teilnehmer*in (TN) berichtet von einem Problem und formuliert eine Schlüsselfrage. Die beratenden TN können Verständnisfragen stellen. Anschließend stellen die TN ihre (nicht wertenden) Ideen vor, wie das Problem gelöst werden könnte. Es wird nicht diskutiert! Der*die Fallerzähler*in nimmt Stellung zu den Lösungsvorschlägen und gibt der Gruppe eine Rückmeldung, was für ihn*sie hilfreich ist, und entscheidet sich für eine Möglichkeit. Am Schluss berichten die TN in einem Blitzlicht, wie es ihnen ergangen ist, wie zufrieden sie mit den Lösungsvorschlägen sind und was sie mitnehmen. Pro Sitzung können etwa zwei bis drei Fälle besprochen werden.
Vertraulichkeit, Verschwiegenheit und Wertschätzung sind wichtige Grundhaltungen bei der kollegialen Fallberatung. Bei schwerwiegenden Konfliktsituationen kann ein*e externe*r Berater*in (z. B. Supervisor, Schulpsycholog*in) hinzugezogen werden.

Rückblick, Einblick, Ausblick

Auch für Lehrkräfte ist es ab und zu wichtig, innezuhalten und Bilanz zu ziehen. Dabei geht es darum, zunächst zurückzublicken und zu reflektieren, was war: Wie habe ich die Schule, meine Klassen, die Schüler*innen, die Schulleitung, die Eltern usw. erlebt? Welche schönen Momente gab es und was hat mich belastet?
Und dann richtet sich der Blick in die Gegenwart, den aktuellen Zustand: Was läuft gerade gut und woran könnte ich noch arbeiten? Welche Begegnungen sind für mich wichtig und mit wem habe ich Probleme?
Aber auch ein Blick in die Zukunft ist wichtig. Dabei kann es um Wünsche und Ideen gehen und um konkrete Verhaltensänderungen, an denen man arbeiten möchte: Was sollte sich ändern? Und wie kann ich die gemachten Erfahrungen aus der Vergangenheit nutzen und weiterentwickeln?
Eine solche Auszeit für eine persönliche Bilanz hilft, um einen klaren Blick für die beruflichen Herausforderungen zu behalten und nicht im Stress unterzugehen.

Echte Pausen

Pausen sind im Schulalltag wichtige Zeiten, die besonders der Erholung, der Bewegung, der Gespräche, der Ruhe, des Energietankens und der Nahrungsaufnahme dienen sollten. Das gilt gleichermaßen für Lehrende und Lernende. Schüler*innen bewegen sich dabei meist auf dem Schulhof oder im Schulgebäude. Lehrer*innen halten sich meist im Lehrer*innenzimmer auf. Allerdings sind die Pausenzeiten dort häufig durch Unterbrechungen gekennzeichnet. Sie benötigen daher mehr Pausen – und zwar echte Pausenzeiten in echten Pausen- oder Rückzugsräumen. Das ist ein Anliegen, das vor allem im Bereich der Gesundheitsfürsorge einen hohen Stellenwert haben sollte. Um festzustellen, ob sich alle in den Pausen wohlfühlen und ob diese einen positiven Effekt haben, ist eine schulinterne Umfrage zu diesem Thema ein hilfreicher Schritt, um das Thema ins Gespräch zu bringen. Schulen sollten nicht nur Lehr- und Lernfabriken sein, sondern auch Lebensräume. Beides miteinander gut zu verknüpfen ist eine Aufgabe für die gesamte Schulgemeinschaft.

Selbstfürsorge

Lehrer*innen sind ständig aktiv, treffen viele Entscheidungen, reden und erklären viel und sind immer im Gespräch. Dabei ist es wichtig, sich selbst nicht aus dem Blick zu verlieren und gut für sich zu sorgen. Mit Selbstfürsorge bezeichnet man den achtsamen Umgang mit sich selbst, mit den eigenen Bedürfnissen, Gefühlen und Ressourcen. Es handelt sich um einen ganzheitlichen Prozess, der Körper, Geist und Seele betrifft. Dabei geht es nicht nur um Bewegung und Ernährung, sondern auch darum, wie man über sich denkt und wie man mit sich selbst umgeht.

Es ist empfehlenswert, sich mit Menschen zu treffen, die nichts mit Schule und Unterricht zu tun haben. Oder statt Fachbücher Romane zu lesen, sich an der Natur zu erfreuen, regelmäßig Sport zu treiben und gesund und gelassen zu leben („Genieße, denn wer nicht genießt, wird ungenießbar!"). Auch Familie und Partnerschaft sind wichtige Aspekte der Selbstfürsorge. Manchmal sind es Veränderungen, die helfen, auf dem richtigen Weg zu bleiben. Diese achtsame Sorge um sich selbst bietet eine einfache und hilfreiche Möglichkeit, bewusst den Blick in Richtung Wohlbefinden und

Gesundheit zu richten. Man beobachtet also kritisch und wohlwollend seine Gedanken, Erfahrungen, Einstellungen, Emotionen und sein Verhalten, um nicht immer wieder in alte Kreisläufe und Gewohnheiten zu verfallen.

Kluges Zeitmanagement

Der Lebens- und Arbeitsrhythmus von Lehrkräften wird vom Diktat der Zeit, von Unterrichts- und Vorbereitungszeiten, von Korrekturzeiten, von Terminkalendern und von Stundenplänen bestimmt. Entsprechend wird gern von dieser „Zeit" gesprochen:

Zeit sparen, Zeitverschwendung, Zeitmanagement, Zeitdruck, Zeitfresser, Zeit ist Geld, Zeit gewinnen, nur keine Zeit verlieren, die Zeit totschlagen. Zeit ist ein kostbares Gut, das ich ordnen und verwalten muss. Keine Sekunde, Minute oder Stunde, kein Tag darf vertane Zeit sein usw.

Ein wichtiger Aspekt zur klugen Nutzung der Zeit einer Lehrkraft betrifft das schulische und häusliche Arbeiten. Für das häusliche Arbeiten sollte ausschließlich das Arbeitszimmer genutzt werden, alle anderen Räume sind privat und der Freizeitbeschäftigung vorbehalten. Für die Unterrichtsvorbereitung können effiziente Suchroutinen (Internetportale, Materialsammlungen, Methoden, Fundgruben) trainiert und überschaubare (analoge und digitale) Ablagestrukturen geschaffen werden. Auch können viele Arbeiten in der Schule in den Freistunden oder nach Unterrichtsschluss erledigt werden. Das schafft Freiräume für zu Hause!

Mülltonne oder Koffer

Manche Unterrichtsstunden sind „für die Tonne". Andere sind gut gelungen und werden zur Wiederverwendung in der weiteren Unterrichtsreise in einen Koffer gepackt. Zur Einschätzung des eigenen Unterrichts ist es für eine Lehrkraft wichtig, von den Lernenden ab und zu konkrete Rückmeldungen zum Unterricht zu erhalten. Dies ist zum Beispiel am Ende einer Unterrichtsreihe sinnvoll. Bei einer solchen Bestandsaufnahme können die beiden Metaphern

„Mülltonne" und „Koffer" genutzt werden. Dazu erhalten die Schüler*innen verschiedene Karten mit diesen zwei Symbolen darauf. Sie erhalten nun die Möglichkeit, Rückmeldungen zu geben, indem sie auf die Karten verschiedene konkrete Anregungen und Kommentare zur vergangenen Lerneinheit formulieren. Das kann natürlich ohne Namensnennung geschehen und die Lehrkraft schaut sich in aller Ruhe die Rückmeldungen an. Es ist möglich, dass jede*r Schüler*in seine*ihre Rückmeldungen vorliest und dann an einer Pinnwand befestigt. Die Lehrkraft kann anschließend konkrete Nachfragen stellen, die die Schüler*innen beantworten. Es geht bei dieser Methode nicht in erster Linie um Kritik am Unterricht, sondern um die Verbesserung der Unterrichtsqualität. Das sollte mit den Schüler*innen deutlich kommuniziert werden.

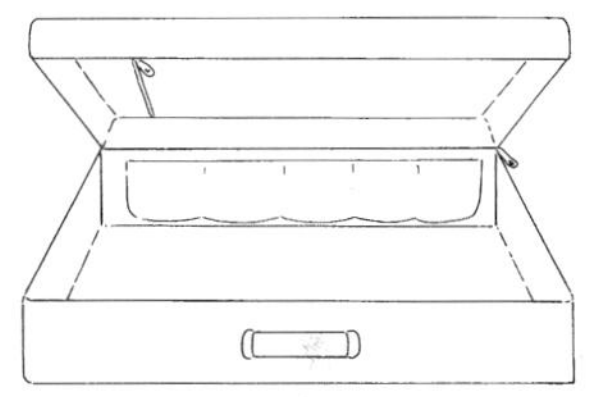

Kollegiale Hospitation

Viele Lehrer*innen sind froh, wenn die Zeit des Referendariats vorbei ist und niemand mehr ihren Unterricht beobachtet. Es braucht einige Jahre des Experimentierens und Ausprobierens, bis eine Lehrkraft zu ihrem eigenen Unterrichtsstil gefunden hat. Und irgendwann kehrt der Alltag in den Unterricht ein. Damit das Unterrichten nicht zur Routine wird, ist es ab und zu hilfreich, Kolleg*innen des Vertrauens dazu einzuladen, den Unterricht zu besuchen und ihn unter bestimmten methodisch-didaktischen Aspekten zu beobachten. Die Hospitation mit fachlicher und kollegialer Rückmeldung kann dabei helfen, einen neuen Blick auf den eigenen Unterricht zu erhalten und weiter an der Unterrichtsqualität zu arbeiten. Fachfremde Kolleg*innen können zum Beispiel das Lehrer*innenverhalten, den Methoden- und Medieneinsatz oder die Schüler*innenaktivierung beobachten. Diese kollegiale Beratung und Unterstützung kann ohne großen organisatorischen Aufwand durchgeführt werden, bringt frischen Wind in den Unterricht und fördert Stärken und Verbesserungspotenziale.

Teamteaching

Zwei Lehrkräfte in einer Klasse: Das ist leider nur eine selten genutzte Möglichkeit der Unterrichtsgestaltung. Dabei bieten sich verschiedene Modelle an, die je nach Klassensituation und Lerninhalt gestaltet werden.

* Unterrichten und beobachten: Hierbei teilen sich die Lehrkräfte die Aufgaben. Eine unterrichtet aktiv, die andere nimmt verschiedene Aspekte in den Blick (z. B. Sozialverhalten, Arbeitstempo). Ein Austausch erfolgt nach dem Unterricht.
* Unterrichten und unterstützen: Beide Lehrkräfte nehmen aktiv am Unterricht teil. Die eine vermittelt die Inhalte, die andere unterstützt die Schüler*innen und kann so auf deren Bedürfnisse eingehen (Inhalt, Verhalten).
* Paralleles Unterrichten: Die Klasse wird in zwei gleich große Gruppen aufgeteilt und beide Lehrkräfte unterrichten die gleichen Unterrichtsinhalte. Durch die kleinen Lerngruppen können die Lehrkräfte besser auf die Bedürfnisse der Lernenden eingehen.
* Unterrichten an Stationen: Es werden vier Lerngruppen (Stationen) gebildet, zwei Gruppen lernen selbstständig, die anderen werden unterstützt. Alle Lernenden durchlaufen alle Stationen.
* Niveaudifferenzierter Unterricht: Zwei Lehrkräfte arbeiten differenziert mit den Schüler*innen. So können leistungsstarke Schüler*innen zusätzlich gefördert und leistungsschwächere Schüler*innen tiefergehend unterstützt werden. Der Schwerpunkt liegt auf der Förderung.
* Unterrichten im Team: Beide Lehrkräfte unterrichten gemeinsam die gesamte Lerngruppe. Sie gestalten gemeinsam oder abwechselnd das Unterrichtsgeschehen. Teamteaching kann den Unterricht bereichern und kann von Kolleg*innen nach Bedarf und Lust selbstständig organisiert werden. Es ermöglicht Perspektiven- und Methodenvielfalt sowie gezielte Differenzierungs- und Fördermöglichkeiten.

KONZENTRATION, RUHE & ACHTSAMKEIT

Wenn Schüler*innen sich in ihrem Klassenraum und in der Klassengemeinschaft wohlfühlen, sind sie bereit, achtsam miteinander umzugehen und konzentriert allein oder in einer Gruppe zu lernen. Jede*r Lernende ist ein unverwechselbares Individuum. Entsprechend ist es für die Lehrkraft wichtig, jede*n einzelne*n Schüler*in im Blick zu behalten und ihn*sie individuell in seiner*ihrer Konzentrationsfähigkeit zu unterstützen. Dabei ist es gut, wenn die Schüler*innen erkennen, dass ein bestimmter Ruhepegel die gesamte Arbeits- und Lernatmosphäre in der Klasse unterstützt. Natürlich sollte es auch Zeiten geben, in denen sich die Lernenden bewegen und austoben können. So wird zum Beispiel der Bewegungsdrang durch Spiele und Übungen unterstützt, um dann anschließend wieder in aller Ruhe den Unterricht weiterzuführen. Manchen Lehrer*innen fällt es schwer, in schwierigen Situationen autoritäre Maßnahmen zu ergreifen. Wenn jedoch erkennbar wird, dass selbst intensive Gespräche zu keinem Ergebnis führen und Unruhe den Unterricht weiter beherrscht, sollten in Absprache mit den Kolleg*innen disziplinarische Maßnahmen in Betracht gezogen werden. Mit Bedacht eingeführte Stille- und Achtsamkeitsübungen sind hilfreich, eine angenehme Lernatmosphäre zu unterstützen.

Auf die Plätze, fertig, Stille!

Besonders bei sehr unruhigen Klassen helfen Rituale dabei, dass Ruhe einkehrt. Und wenn dabei noch ein spielerischer Wettbewerb entsteht, wirkt es vielleicht sogar motivierend. Es geht bei dieser einfachen Übung darum, dass die Schüler*innen eine festgelegte Zeit still sind, und zwar komplett still! Das heißt: Es werden keine Geräusche mit irgendwelchen Gegenständen gemacht und es wird nicht gegähnt oder gelacht. Zunächst beginnt man mit einer Minute. Es bedarf Übung und Konzentration. Wenn vor der verabredeten Zeit ein Geräusch zu vernehmen ist, beginnt die Stoppuhr wieder von vorne. Ein*e Schüler*in übernimmt die Aufgabe der Zeitmessung. Im Laufe der Zeit kann die Zeit verlängert werden. Die Übung braucht Geduld, aber es lohnt sich!

Gefühle loslassen

Manchmal lassen sich unsere Gefühle nicht aufhalten, wir möchten sofort losschreien oder laut lachen, aber die Umstände verbieten es. Das ist auch in der Schule während des Unterrichts der Fall. Die Übung bietet den Schüler*innen für kurze Zeit die Möglichkeit, ihren Gefühlen freien Lauf zu lassen.
Das wird in mehreren Stufen durchgeführt:

1. Alle gähnen laut und ausgiebig mit den entsprechenden Lauten und Gesten.
2. Alle lachen aus ganzem Herzen. Lachen ist gesund, fördert den Sauerstoffaustausch und stärkt die Muskulatur. Jede*r kann lachen, wie er*sie will und dabei gibt es viele Varianten.
3. Alle laufen wild durch den Raum, springen, hüpfen oder tanzen. Dabei achten sie darauf, dass niemand angerempelt oder verletzt wird.

Bei dieser Übung geht es darum, Druck abzulassen und angespannte Nerven zu lösen. Die Möglichkeiten der Gefühlsausbrüche sind vielfältig.

Reise durch den Körper

Alle setzen sich bequem auf ihren Stuhl oder legen sich auf den Boden. Dabei schließen sie die Augen und atmen ruhig und gleichmäßig. Die Lehrkraft lädt die Schüler*innen zu einer Reise durch den Körper ein. In Ruhe und mit Anleitung scannen die Lernenden ihren Körper vom Kopf bis zu den Zehen. Die einzelnen Körperteile werden zunächst fünf Sekunden angespannt und dann losgelassen. Die Anspannung-Entspannungsreise beginnt mit Oberschenkeln, Waden und Füßen und wird fortgesetzt mit Gesäß, Rücken, Brustkorb, Bauch, Schultern, Armen, Händen, Nacken, Hinterkopf, Stirn, Nase, Mund und Zunge. Am Ende der Übung wird der ganze Körper angespannt und wieder losgelassen. Alle öffnen die Augen und strecken sich. Die Übung sollte in Ruhe durchgeführt werden.

Staubsaugeratmung

Die Staubsaugeratmung ist eine Übung, mit der man versucht, das Atmen bildhaft zu unterstützen und das Befreiende der Atmung zu verdeutlichen.

„Setze dich hin und versuche zunächst, innerlich zur Ruhe zu kommen. Stelle dir vor, du bist ein Staubsauger, der den Dreck in seiner Umgebung in sich einsaugt. Dazu atmest du zunächst mehrmals langsam und tief ein. Mache das bewusst und intensiv. Alles, was dich belastet und dir Sorgen bereitet, nimmst du tief in dich auf. Doch der Staubsauger will den ganzen Dreck auch wieder loswerden. Also atmest du einige Male kräftig durch den Mund aus. Du spürst nun die befreiende Wirkung der Übung. Du kannst sie immer wieder zwischendurch durchführen, um so Ruhe und Konzentration einzuüben".

Body Percussion

Unser Körper ist ein wunderbares Instrument, wir können alle möglichen Geräusche mit den Händen, den Fingern, den Füßen oder dem Mund produzieren. So klatscht oder klopft man etwa mit den Händen auf verschiedene Körperteile (z. B. Oberschenkel und Brust) und erzeugt unterschiedliche Klänge. Durch die Faust, die flache Hand oder einzelne Finger entstehen vielfältige Geräusche. Mit den Füßen stampft man in unterschiedlicher Lautstärke auf den Boden. Zusätzlich schnipst man mit den Fingern oder schnalzt mit der Zunge. Die Schüler*innen entwickeln mit den rhythmischen Körpergeräuschen einen Beat, der nach und nach mit immer mehr Klängen umfangreicher wird. Durch regelmäßige Erweiterung wird die Klangkette immer perfekter. Body Percussion sorgt für kurze Bewegungsphasen, macht Spaß und fördert die Konzentration und Zusammenarbeit. Auch körperliche und psychische Blockaden können damit gelöst werden.

Fantasiereise

Eine Fantasiereise ermuntert die Schüler*innen, ruhig und konzentriert zu werden und sich auf innere Bilder und Fantasien einzulassen. Dazu nehmen alle zunächst eine entspannte Haltung ein, schließen die Augen und versuchen, über die Atmung ruhig zu werden. Eine Fantasiereise ist eine gelenkte Reise, die auch Motive

zur eigenen gedanklichen Gestaltung bietet. Die Schüler*innen können mit der Kraft ihrer Fantasie zum Beispiel auf eine Insel, das Meer, eine Wiese, in einen Ballon, einen Wald oder an einen Strand geführt werden. Die Lehrkraft spricht ruhig und gleichmäßig und lässt Pausen zwischen den Sätzen. Durch die Bilder werden unterschiedliche Sinne angesprochen. Die Aussagen werden dabei möglichst offen gehalten, um genügend Spielraum für die Entfaltung eigener Bilder zu ermöglichen. Im Mittelpunkt stehen positive Suggestionen. Am Ende der Fantasiereise verlassen die Schüler*innen vorsichtig die Welt der Fantasie, öffnen die Augen und strecken sich.
Während der Fantasiereise fördern meditative Musik oder eine leichte Verdunklung die Atmosphäre. Wichtig ist außerdem, dass die Lernenden freiwillig an der Übung teilnehmen. Wer nicht mitmacht, verhält sich ruhig. Auch die Bereitschaft, zur Ruhe zu kommen, sollte vorhanden sein. Die Fantasiereise kann im Sitzen oder Liegen durchgeführt werden.

Gehübungen

Bei dieser Übung erleben die Schüler*innen ihr eigenes Gehen ganz bewusst. Dazu wird der Raum zunächst so vorbereitet, dass sich alle gut darin bewegen können. Es erklingt Musik und alle bewegen sich ruhig und konzentriert im Raum. Die Lehrkraft nennt nun Haltungen und Bewegungen, die die Schüler*innen bei der Gehübung einnehmen sollen: im Schneckentempo, verträumt, aggressiv, tanzend, ängstlich, ein Ziel fixieren und darauf losrennen, stehen bleiben, jemandem freundlich zulächeln, Hände schütteln, in die Luft schauen, jemanden umarmen, sich arrogant bewegen, einander die kalte Schulter zeigen usw.
Am Ende der Übung bewegen sich alle wieder ruhig und normal durch den Raum. Bei einem anschließenden Gespräch reflektieren die Schüler*innen, wie sie die Übung erlebt haben. Vielleicht haben sie dabei erfahren, wie sie sich durch ihr eigenes Leben bewegen.
Noch mehr Dynamik entwickelt sich bei der Übung mit folgenden Bewegungsanweisungen: Rückwärtsgang, seitliche Bewegung, auf der Flucht, in einem kurvigen

Gelände. Dabei sollte darauf geachtet werden, dass sich die Schüler*innen nicht gegenseitig berühren.

Musikalische Unterbrechung

Musik spielt in der Lebenswelt von Kindern und Jugendlichen eine große Rolle. Auch im Rahmen des Unterrichts kann sie eine unterstützende Wirkung haben, um diesen wohltuend zu unterbrechen. Es geht bei dieser Auszeit nicht darum, die Schüler*innen mit einer von der Lehrkraft ausgesuchten Musik zu beschallen. Vielmehr sollen die Lernenden selbst auswählen, welche Musik ihnen aktuell guttut und ihnen hilft, zu entspannen und abzuschalten. Dazu bedarf es einer gewissen Vorbereitungszeit. Jede*r braucht zunächst das technische Equipment zum Abspielen und Hören der Musik. Die meisten Jugendlichen haben auf ihrem Smartphone über einen Streamingdienst (z. B. Spotify) eigene Listen mit ihrer Lieblingsmusik, die häufig mit anderen geteilt wird. Daher ist es sinnvoll, dass sie selbst den Ablauf der musikalischen Auszeit planen und gestalten. Es wird lediglich der Zeitraum vorgegeben (z. B. acht Minuten). Jede*r Schüler*in kann seine*ihre Musik hören, wie er*sie möchte: im Sitzen, im Stehen oder im Gehen. Es ist eine persönliche Übung und Auszeit, die jede*r selbst gestaltet.
Die Übung kann zu einem hilfreichen Ritual werden. Wenn die Schüler*innen gut mit der musikalischen Unterbrechung umgehen, können sie vielleicht in persönlichen Arbeitsphasen Musik hören – das kann das Arbeitsverhalten fördern.

Im Gleichgewicht bleiben

In der Schule sitzen Schüler*innen meist sehr lang auf einer Stelle. Umso wichtiger ist es, ab und zu aufzustehen, um eine körperliche Übung zu machen. Kleine Gleichgewichtsübungen können dabei helfen, den Gleichgewichtssinn, die Tiefenmuskulatur und die Motorik zu stärken. Ein Beispiel:

1. Stelle dich auf ein Bein und versuche, dich ins Gleichgewicht zu bringen. Du kannst dabei die Arme zur Hilfe nehmen. Versuche, dich auf die Zehenspitzen und die Ballen zu stellen. Oder versuche, die Unterschenkel wie ein Pendel hin und her zu bewegen. Wechsle zum anderen Bein.

2. Für diese Übung kniest du dich auf den Boden und setzt beide Hände vorne auf. Strecke den linken Arm nach vorne und gleichzeitig das rechte Bein nach hinten. Verteile das Gleichgewicht auf der Handfläche und dem Knie. Wechsle danach die Seiten.
3. Bei der nächsten Übung stellst du dir vor, dass du auf einem Seil balancierst. Du setzt dabei einen Fuß vorsichtig vor den anderen. Schließe dabei die Augen.

Bunter Schulhof

Eine kurze Pause zwischendurch kann dazu genutzt werden, auf dem Schulhof bunte Bilder zu malen und so die Pausen durch die Ergebnisse für andere Klassen interessanter zu machen. Dazu ist es wichtig, genügend bunte Kreide zur Verfügung zu stellen. Dabei können die Schüler*innen in Partner*innen- oder Gruppenarbeit den Schulhof mit kleinen Graffiti verschönern. Da es sich nur um kurze Aktionen handelt, können die angefangenen Zeichnungen nach und nach in den anderen Pausen vervollständigt werden. Die Übung fördert die Kreativität, Konzentration und Zusammenarbeit.
Natürlich sind solche Kunstwerke von kurzer Dauer, falls Regen einsetzt. Daher werden die fertigen Zeichnungen am besten fotografiert und eventuell im Klassenraum oder auf der Schulhomepage veröffentlicht. Da eine Schule nicht nur ein Lern-, sondern auch ein Lebensraum ist, kommen solche kreativen Aktionen der ganzen Schulgemeinschaft zugute. Die Schüler*innen sollten sich an ihrer Schule wohlfühlen und ihren eigenen Beitrag dazu leisten, indem sie ihren Klassenraum, das Schulgebäude oder den Schulhof mitgestalten. Die Absprache mit Schulleitung und Schulträger sollte beachtet werden!

Papierflieger

Manchmal sind kleine Auszeiten für die Lernenden wichtig, um zur Ruhe zu kommen oder neue Energie zu tanken. Dabei helfen Beschäftigungen, die nichts mit dem Unterricht oder dem aktuellen Thema zu tun haben. So bauen die Schüler*innen in einer kurzen Auszeit (z. B. fünf Minuten) Papierflugzeuge und lassen diese auf dem Schulhof fliegen. Es entsteht ein buntes Treiben, das kreative Produkte entstehen lässt, die unterschiedlich aussehen und deren Flugqualitäten nach und nach verbessert werden. Natürlich sollen die Papierflieger gut aussehen (Stifte, buntes Papier, unterschiedliche Papierformate) und möglichst lange in der Luft bleiben. Neben der Herstellung von Flugobjekten aus Papier können die Schüler*innen sich in solchen kurzen Pausen mit der Origami-Technik vertraut machen und einfache oder komplexe Figuren (z. B. Blüte, Frosch) aus Papier herstellen. Schritt-für-Schritt-Anleitungen finden sich auf YouTube oder in verschiedenen Apps.

Wortkette umgekehrt

Die folgende Übung nimmt schrittweise an Schwierigkeit zu und verlangt eine hohe Konzentration. Die Schüler*innen sollen immer das Gegenteil von dem sagen, was die Lehrkraft sagt. Dabei wird festgelegt, ob einzelne Schüler*innen oder alle antworten.

Also: tief – hoch, langsam tief – schnell hoch, hoch tief laut – tief hoch leise, müde traurig schnell – wach froh langsam usw.

Der Schwierigkeitsgrad der Übung wird der Lerngruppe angepasst. Die Übung lässt sich auch mit Bewegungen durchführen. Die Lehrkraft hebt den rechten Arm, die Schüler*innen den linken usw. Natürlich muss nicht immer die Lehrkraft die Vorgaben machen. Wenn die Übung zu einem Ritual wird, das bei Bedarf genutzt wird, bereiten die Schüler*innen die Übungen vor und führen sie durch. Es genügen schon vier bis fünf Minuten, um wieder konzentrierter mit dem Unterricht weiterzumachen.

Merge Cube

Mit nur wenigen Werkzeugen sorgt man für eine spannende Abwechslung im Unterricht oder in einer Pause. Man benötigt einen Würfel, der vorher von den Lernenden hergestellt wird und dann für die Übung für jede*n zur Verfügung steht. Der Würfel kann aus Papier gebastelt werden. Die Anleitung dazu findet sich auf der Seite *https://digitale-bildung-bayern.de/wp-content/uploads/2019/04/Vorlage-Merge-Cube.pdf.*
Die Bastelvorlage wird ausgedruckt, ausgeschnitten und der Würfel wird zusammengeklebt. Die Schüler*innen benötigen außerdem ihr Smartphone und eine App (z. B. den Merge Object Viewer). Durch die Kombination von Augmented-Reality-Technologie und Würfelbewegungen werden die reale und digitale Welt miteinander verschmolzen. Man kann die Galaxie erkunden, Dinosaurier, antike Artefakte oder ein DNA-Molekül betrachten. Natürlich kann der Merge Cube für den Unterricht verwendet werden, denn die Themen sind vielfältig. Besonders für naturwissenschaftliche Fächer bietet der Merge Cube anschauliche visuelle Lernerlebnisse. Manchmal hilft der Würfel auch nur dabei, zur Ruhe zu kommen und sich faszinieren zu lassen.

Der stille Würfel

Während einer Arbeitsphase sollte eine ruhige und angenehme Atmosphäre herrschen. Und doch haben die Schüler*innen immer wieder Mitteilungs- oder Fragebedarf, allerdings stören Zwischenrufe die Konzentration der Mitschüler*innen. Ein stiller Würfel kann hierbei unterstützen. Es handelt sich um einen Würfel, den jede*r Schüler*in zur Verfügung hat und der gemeinsam hergestellt wird.
Jede Würfelseite hat eine besondere Bedeutung:

Rote Seite: Bitte nicht stören! Ich komme zurecht und brauche keine Unterstützung.
Grüne Seite: Ich komme zurecht! Ich kann aber angesprochen werden, um andere zu unterstützen.
Fragezeichen: Ich brauche Unterstützung, weil ich allein nicht mehr weiterkomme!
Ausrufezeichen: Ich habe meinen Arbeitsauftrag fertiggestellt und bitte um Kontrolle!

Zwei Würfelflächen gestalten die Schüler*innen individuell (z. B. mit Smileys). Wichtig ist, dass die Bedeutung aller Zeichen und Symbole für alle verständlich ist. So kann jede*r Schüler*in mit der Lehrkraft kommunizieren, ohne die Ruhe zu stören.

Brain Dumping

Unser Kopf ist ständig damit beschäftigt, sich Gedanken über das zu machen, was man erlebt hat, was momentan auf einen einwirkt und was in der Zukunft sein wird. Manchmal führt das zu einem Gedankenchaos. Kinder und Jugendliche kennen das und wissen oft nicht, wie sie es beenden können. Das ist natürlich nicht einfach, aber die folgende Übung kann ein wenig entlasten und die Konzentration fördern. Dazu nimmt sich jede*r Schüler*in ein leeres Blatt Papier und einen Stift. Die Aufgabe besteht darin, alles, was einem durch den Kopf geht, aufzuschreiben oder aufzumalen. Das können Ideen, Gedanken, Sorgen, glückliche Erlebnisse, Gefühle, Träume, Ziele oder Lernstoff sein. Dabei muss keine Struktur eingehalten werden, es kann alles durcheinander sein. Das Chaos im Kopf wird sozusagen auf das Papier projiziert. Die Lernenden können das Blatt mit nach Hause nehmen und es in Ruhe betrachten. Vielleicht sorgt die Übung für ein wenig Entlastung. Allein das ungefilterte Drauf-los-kritzeln kann eine beruhigende Wirkung haben.

Klassenplan

Die folgende Übung fördert durch die Fokussierung die Konzentration. Die Schüler*innen verbringen sehr viel Zeit eines Tages in ihrem Klassenraum. Aber wissen sie auch genau, wie er aussieht? Bei der Übung bittet die Lehrkraft die Lernenden zunächst, ein leeres Blatt Papier und einen Stift in die Hand zu nehmen. Während der gesamten Übung dürfen sie nur auf dieses Papier schauen und den Kopf nicht zur Seite oder in die Höhe richten. Die Aufgabe besteht darin, aus dem Gedächtnis eine Skizze vom Klassenraum anzufertigen. Dieser Plan sollte möglichst detailliert und genau sein. Wie sind Tische und Stühle angeordnet? Welche Plakate hängen an den Wänden? Wer sitzt wo? Wenn der Plan fertig ist, blickt jede*r wieder auf und vergleicht seine*ihre Skizze mit dem Klassenraum. Die Übung kann auch in Partner*innenarbeit erfolgen.

Meine Schatzkiste

Ein hilfreiches pädagogisches Prinzip kann die positive Verstärkung sein. Die Lehrkraft setzt sie ein, wenn die Schüler*innen zum Beispiel gelobt, ermuntert oder bestärkt werden. Auch die Schüler*innen selbst können diese Verstärkung immer wieder in Gang setzen. Dazu nutzen sie ihre ganz persönliche Schatztruhe, in der sie viele Dinge gesammelt haben, die nur sie selbst sehen. Darin sind Erfahrungen, Ängste, Sorgen, Stärken, Glücksmomente und schöne Erlebnisse zu finden. Immer wieder greift man in die Kiste, um der Situation entsprechend das Richtige herauszuholen. Dann blickt man darauf und spürt wieder Mut und Hoffnung und es geht weiter, denn die Geheimnisse der Truhe sind Medizin fürs Leben.
Die Schüler*innen nehmen sich ein wenig Zeit und machen sich in Ruhe Gedanken darüber, was sich in ihrer persönlichen Schatzkiste befindet. Dazu müssen sie ganz genau in ihre imaginäre Schatztruhe hineinschauen. Sie können sich gegenseitig freiwillig Dinge aus ihrer Kiste vorstellen. Dabei wird nicht diskutiert. Es genügt aber auch, wenn die Lernenden selbst erfahren, dass sie in entsprechenden Situationen in ihre eigene Schatzkiste greifen können.

Gleichgewicht finden

Bei dieser spielerischen Aktion geht es um das Gleichgewicht, das körperlich verdeutlicht werden soll. Dazu setzen sich zunächst zwei Personen Rücken an Rücken und haken ihre Arme ein. Die Aufgabe besteht darin, gemeinsam aufzustehen. Es bedarf einiger Versuche, die richtige Balance zu finden, um wieder auf den Füßen zu stehen. Im nächsten Schritt kommt eine dritte Person dazu und alle versuchen wieder aufzustehen. Es kommen immer wieder neue Personen dazu und je mehr es sind, umso schwieriger wird der Balanceakt. Es müssen Absprachen getroffen werden und Anweisungen erfolgen. Durch Versuch und Irrtum kommt die Gruppe schließlich zu ihrem Standpunkt.

Eine Reflexion über das Spiel kann sich anschließen: Wie habe ich mich gefühlt? Wie wurde die Lösung erreicht? Welche Rollen gab es? Es können auch mehrere Gruppen gebildet werden, die gegeneinander in einem Wettbewerb antreten.

HANDLUNGSPRODUKTE & PRÄSENTATIONEN

Zur Vertiefung der Problematisierungs- und Erarbeitungsphasen ist eine zusammenfassende und kreative Aufarbeitung des Lernprozesses hilfreich. Dabei können die Ergebnisse von den Lernenden in unterschiedlichen Handlungsprodukten visualisiert und zusammengefasst werden. Im besten Fall stehen diese am Ende einer selbstgesteuerten Lernphase, in der die Schüler*innen eigene Ideen und Ausdrucksformen finden und umsetzen. Auch die Präsentation muss gut vorbereitet sein und sollte mehr bieten als lange Texte, die abgelesen werden. Der eigene Lernprozess (sehen, urteilen, handeln), der in Einzel-, Partner*innen- oder Gruppenarbeit gestaltet wurde, kann hierbei interessant und abwechslungsreich präsentiert werden. Dazu bietet dieses Kapitel einige Ideen und Anregungen.

Grafiken mit Canva gestalten

In einem handlungs- und produktionsorientierten Unterricht visualisieren die Schüler*innen die erarbeiteten Inhalte und Informationen in Form von Postern, Handouts, Flyern oder Infografiken. Solche Handlungsprodukte lassen sich sehr komfortabel und mit vielfältigen kreativen Möglichkeiten in einem Baukastensystem mit dem Grafik-Tool Canva umsetzen. Canva ist ein webbasiertes digitales Werkzeug und bietet eine Vielzahl an kostenlosen Vorlagen und gestalterischen Elementen, mit deren Hilfe anspruchsvolle Grafiken erstellt werden können. Für Lehrer*innen gibt es eine kostenlose Education-Version (*https://www.canva.com/de_de/bildung/*), die die Basis-Version um viele Anwendungen und Vorlagen erweitert. Dabei kann die Lehrkraft einen Klassenraum einrichten und die Lernenden einladen, ihre Arbeit zu teilen, zu bearbeiten und zu verwalten. Damit können Gruppenprojekte gut umgesetzt und visuell verwaltet werden.

Radiomagazin

Die Schüler*innen haben sich mit einem Thema intensiv auseinandergesetzt und die Ergebnisse der Erarbeitungsphase sollen in einer Radiosendung präsentiert werden. Dazu entwickeln die Schüler*innen unterschiedliche Formate wie Inter-

views, Features, Reportagen, Umfragen, Kommentare oder Nachrichten. Zunächst werden unterschiedliche Redaktionen gebildet, die ihren Beitrag erarbeiten. Ein Redaktionsteam aus Vertreter*innen aller Redaktionen beschäftigt sich mit den Rahmenbedingungen und Grundlagen. Ein*e Chefredakteur*in koordiniert die Arbeit. Die einzelnen Teams recherchieren, diskutieren und produzieren schließlich ihren Audiobeitrag.
Für die Produktion können Audio-Apps genutzt werden, die Bestandteil jedes Smartphones sind. Die Teams sollten die Texte vor der Sprachaufnahme gut üben und auf eine deutliche Aussprache achten. Bei Problemen kann ein Technikteam die Arbeit der Gruppen unterstützen. Die Aufnahmen können mit Musik, Geräuschen und Sounds verfeinert werden. Das BBC-Soundarchiv (*https://sound-effects.bbcrewind.co.uk*) ist für Bildungszwecke kostenlos nutzbar. Das Redaktionsteam legt die Reihenfolge der Beiträge fest und schließlich werden die Audios zu einer Radiosendung zusammengefügt. Das fertige Produkt wird am Ende präsentiert und eventuell in einer Cloud abgelegt oder auf der Schulhomepage veröffentlicht.
Hier gibt es noch Tipps für Radiomacher*innen:
https://www.radio-machen.de/2019/03/03/die-kleine-radio-schule/

Spielewerkstatt

Bei diesem Projekt setzen die Schüler*innen die Ergebnisse ihres Lernprozesses in einem selbst erfundenen und gestalteten Spiel um (Lernen durch kreatives Handeln). Die Spieleerfinder*innen gehen dabei systematisch vor und entwickeln ihr Spiel von der Idee bis zum eigentlichen Spielen. Zum Vorgehen:

1. Planung: Die Gruppen entwickeln eine Spielidee zu einem konkreten Thema oder einem Teilaspekt. Die Arbeitsschritte werden festgelegt.
2. Durchführung: Nach einer thematischen Vertiefung wird das Thema in eine Spielidee eingearbeitet (z. B. Brett-, Karten-, Bewegungsspiel). Das Spielmaterial und die Spielanleitung werden hergestellt.
3. Präsentation: Die fertigen Spiele werden auf Tischen verteilt. Dabei spielt jede Gruppe in einem rotierenden System alle Spiele. Die Spielgruppen bewerten die einzelnen Spiele nach festgelegten Kriterien: Spielidee, Spielanleitung, Umsetzung, Materialien, Spielespaß, Abwechslung, thematische Tiefe usw.

4. Reflexion: Alle Spielgruppen erhalten eine Rückmeldung zu ihren Spielen. Natürlich können in einem solchen Projekt einzelne Lerngruppen digitale Spielideen umsetzen.

Multimediale Themenshow

Am Ende einer Unterrichtseinheit gestalten die Schüler*innen eine Themenshow. Dabei werden Information und Unterhaltung miteinander verknüpft („Infotainment"). Mithilfe unterschiedlicher multimedialer Medien werden Themen aufgearbeitet und unterhaltsam und informativ präsentiert. In mehreren Gruppen werden unterschiedliche Themenbereiche und Einzelaspekte zunächst inhaltlich vertieft. Die wesentlichen Aspekte werden durch Recherche und Diskussionen herausgearbeitet. Die Arbeitsgruppen packen ihr Thema informativ, kreativ und originell in ein digitales Konzept. Jede Gruppe wählt ein Format: Erklärvideo, Podcast, Stop-Motion-Film, Kurzfilm, Comedy, Musik, Vortrag, Pantomime, Dialog, Quiz usw.
Die Ergebnisse werden zu einem Programm zusammengefügt und live vor Publikum (z. B. vor anderen Klassen) präsentiert. Durch Fragen aus dem Publikum wird das Thema vertieft. Auch kann es in einem weiteren digitalen Produkt zusammengefasst werden (z. B. in einem Film oder E-Book mit BookCreator). Für die Koordination am Ende der Projektphase bieten ein Moderator*innenteam sowie ein Technikteam konkrete Unterstützung bei der Umsetzung. In einem Sach- und Erfahrungsbericht können die Schüler*innen ihre Projekterfahrungen reflektieren.

Multimediale Ausstellung

Viele neue Medien und digitale Werkzeuge können das alte Format einer Ausstellung in ein neues spannendes Lerngeschehen integrieren. In einer multimedialen Ausstellung kann Analoges und Digitales miteinander gut kombiniert werden. Die Ausstellung wird zu einem Sinneserlebnis! Dazu tragen visuelle Impulse wie Bilder oder Erklärfilme bei, aber auch unterschiedliche Audioformate wie Hörspiele, Musik und Lieder oder Radiobeiträge (selbst produziert oder aus den großen Archiven der Radiosender). Auch eine Schreibwerkstatt, unterschiedliche Rätsel- und Quizformate sowie spielerische und gestalterische Elemente verschaffen einen Zugang zu einem Thema.

Eine solche Ausstellung wird zu einer ganzheitlichen Erfahrung, die von den Schüler*innen selbst geplant und inszeniert wird. Die Lernenden werden zu Eventmanager*innen und erfahren eine kreative Aufarbeitung von Lerninhalten. Ein solches Ausstellungsprojekt muss gut geplant und strukturiert sein, wenn es spannend und abwechslungsreich inszeniert werden soll. Die Schüler*innen führen Besucher*innen (nicht nur aus der eigenen Schule) durch die Ausstellung.

Blog

Die Schüler*innen gestalten zur Aufarbeitung und Vertiefung eines Unterrichtsthemas einen Blog (beispielsweise über ein ganzes Schuljahr). Dieser Internetauftritt bietet die Möglichkeit, Texte und Medien einzustellen, verlangt keine tiefergehenden Kenntnisse und wird in der Handhabung schnell erlernt. Die Schüler*innen verfassen Blogbeiträge, in denen sie Themen und Fragestellungen des Unterrichts thematisch, kontrovers und persönlich präsentieren und kommentieren. Damit ist ein Blog mehr als ein Protokoll, denn er vertieft ein Thema und beleuchtet es unter verschiedenen Aspekten. Verschiedene Plattformen und Tools bieten sich dafür an, zum Beispiel Edublog (*https://edublogs.org*) oder Wordpress (*https://de.wordpress.com*).

Eine strukturierte und systematische Vorgehensweise ist grundlegend: Wer legt die Seite an und übernimmt die Rolle des*der Administrator*in? Welche Regeln sind zu beachten? Werden Beiträge zensiert? Werden Eltern und Schulleitung informiert?

Insta-Posts und -Storys

Viele Schüler*innen bewegen sich täglich in sozialen Medien und sind vertraut mit deren Handhabung. Die Plattform Instagram und ihre Möglichkeiten der Visualisierung und Positionierung können genutzt werden, um Themen des Unterrichts kreativ aufzuarbeiten. Dabei gestaltet die Klasse einzelne Posts, die eine ganze Unterrichtsreihe begleiten oder zusammenfassen. Natürlich können dazu entsprechende Fake-Generatoren (*https://zeoob.com/generate-instagram-post/* oder *https://generatestatus.com/fake-instagram-post-generator/*) genutzt werden.

Auch die gewohnte Arbeit mit Insta-Werkzeugen oder entsprechenden Apps bietet viele gestalterische Möglichkeiten. Hierbei werden die Ergebnisse nicht veröffentlicht, sondern nur zur Herstellung genutzt. Die Schüler*innen versehen die Posts mit Informationen, Hashtags und passenden Grafiken und Bildern. Eine weitere Möglichkeit bietet die Gestaltung einer Insta-Story, bei der eine kurze Geschichte mit Videos und Fotos erzählt wird. Hierbei präsentieren die Schüler*innen die Themen spannend und unterhaltsam mit integrierten Erklärvideos.

Bewegende Rückmeldungen

Es ist für die Lernenden hilfreich, wenn sie am Ende einer Arbeitsphase nicht nur Rückmeldungen zu ihren Arbeitsergebnissen von der Lehrkraft, sondern auch von Mitschüler*innen erhalten. Dazu sucht sich jede*r Schüler*in einen Platz zur Präsentation. Daneben befindet sich ein Blatt, auf dem die Mitschüler*innen ihre Kommentare notieren können, nachdem sie die Arbeitsergebnisse gesichtet haben. Natürlich geschieht das mit Namensnennung bzw. einer Unterschrift. Alle sollen in einer vorgegebenen Zeit Rückmeldungen, Anregungen oder Fragen bei mehreren Arbeiten vornehmen. Manche nehmen sich dazu mehr, andere weniger Zeit.
Dabei kommt es zu viel Bewegung im Klassenraum. Während der Arbeit sollte nicht gesprochen werden. Am Ende lesen die Lernenden die erhaltenen Rückmeldungen. Bei dieser Methode lernen die Schüler*innen, selbst ein Feedback zu geben und mit konstruktiver Kritik umzugehen. Es ist möglich, einige Formulierungshilfen anzubieten („Ich finde gut, dass …", „Ich verstehe nicht …", „Meine Anregung lautet …").

Interaktive Infografiken

In einer Infografik werden Informationen und Daten in einem kompakten Format verständlich zusammengefasst und visualisiert. Dabei liegen die Vorteile auf der Hand: Bildinformationen prägen sich eher ein als lange Texte und bieten einen guten Überblick. Außerdem werden Inhalte durch Illustrationen unterstützt und hervorgehoben. So können selbst komplexe Themen und Zusammenhänge veranschaulicht werden und das Lernen wird unterstützt. Mithilfe digitaler Werkzeuge werden Infografiken um interaktive Elemente erweitert und mit Texten, Videos, Bildern oder Internetseiten verlinkt. Eine einzige Grafik bietet die Möglichkeit, vielfältige Informationen zu integrieren. Digitale Werkzeuge zur Herstellung von interaktiven Infografiken sind zum Beispiel Canva (*https://www.canva.com/de_de*) oder Genially (*https://genial.ly*). Dabei geben fertige Vorlagen Impulse und erleichtern das Erstellen der Grafik. Bevor die Schüler*innen Infografiken erstellen, ist eine gründliche thematische Recherche grundlegend, um das erforschte Thema dann kompakt und informativ zusammenzufassen. Sinnvoll ist es, ein Thema in kleine Einheiten zu untergliedern, um einen guten Überblick durch die Infografiken zu erhalten.

Erklärvideo als Legetechnik

Ein Erklärvideo ist ein kurzer Film, der ein Thema mit einfachen grafischen Mitteln anschaulich erklärt. Obwohl es mittlerweile viele digitale Möglichkeiten zur Erstellung von Erklärvideos gibt, bietet die Herstellung mithilfe der Legetechnik viele Vorteile. Benötigt wird zunächst ein Text, in dem ein Sachverhalt knapp und verständlich erläutert wird. Das ist eine Problemfrage, eine These oder eine Vorgangsbeschreibung. Es werden zunächst Schlüsselbegriffe aus dem Text herausgesucht, die dann visualisiert werden. Dazu werden Symbole, Gegenstände oder Personen gezeichnet und ausgeschnitten (Papier, Schere, Stift). Im Erklärvideo werden diese parallel zum gesprochenen Text in das Bild gelegt und anschließend mit der Hand weggewischt. Zur Aufzeichnung eignet sich ein Smartphone oder Tablet, die über eine entsprechende Kamera-App verfügen. Das Aufnahmegerät sollte stabil über der Legefläche angebracht sein, wozu sich ein einfaches Stativ gut eignet. Auch eine spezielle Videobox kann hierbei genutzt werden.

Es werden Kleingruppen (drei bis vier Personen) gebildet, die gemeinsam ein Video erstellen. Dabei werden die Aufgaben verteilt: Technik, Text einsprechen, Bilder legen und verschieben, Aufnahme. Wichtig ist, dass die Gruppen gut recherchieren und sich zu „Expert*innen" für ein Thema machen. Die Informationen müssen natürlich stark reduziert werden, um anschließend einen etwa dreiminütigen Film zu produzieren. Bei der Planung und Strukturierung erleichtern Drehbuch- und Storyboard-Vorlagen die Arbeit. Neben der thematischen Auseinandersetzung werden die Schüler*innen gestalterisch tätig. Da das Erklärvideo möglichst kurz sein soll, ist es sinnvoll, es in einem Stück aufzunehmen. So entfällt die aufwändige Schneide- und Bearbeitungsarbeit. Die fertigen Handlungsprodukte werden vorgestellt und können für alle zugänglich abgelegt werden (Cloud, TaskCards).

Stop-Motion-Storys

Eine besondere Technik, Geschichten zu visualisieren, bietet die Stop-Motion-Methode. Bei der Stop-Motion-Technik bzw. Trickfilmtechnik werden viele Fotos aneinandergereiht und als Video abgespielt. Ein Stop-Motion-Film entsteht, indem die Gegenstände vor der Kamera in kleinen Schritten bewegt werden. Dabei werden einzelne Fotos gemacht, um sie dann zu einem Film zusammenzufügen. Mithilfe der App Stop Motion Studio ist die Produktion recht einfach. Die Spielfiguren und -hintergründe können zum Beispiel mit Legos oder mit Knete hergestellt werden. Zunächst suchen die Lernenden eine Geschichte oder entwickeln eine eigene Story. Die Geschichte wird in Szenen strukturiert (Drehbuch / Storyboard) und durch Notizen für die Produktion ergänzt (Kameraeinstellung, Figuren, Hintergrund, Requisiten, Bewegungen, Geräusche, Text). Die einzelnen Szenen werden vorbereitet und eingeübt. Es folgt eine Einführung in die Handhabung der App Stop Motion Studio. Die Aufnahmen werden mit einem Tablet oder einem Smartphone Schritt für Schritt durchgeführt. Anschließend wird der Text eingesprochen. Auch Hintergrundmusik, Soundeffekte und Geräusche können in den Stop-Motion-Film eingefügt werden. Der fertige Film wird exportiert und in einem passenden Format abgespeichert. Die Präsentation der fertigen Filme kann zu einem spannenden und lehrreichen Erlebnis werden.

Newsletter

Ein Newsletter ist eine Art Rundbrief in digitaler Form und wird meist in Form einer E-Mail verschickt. Newsletter können abonniert und wieder abbestellt werden. Viele Unternehmen nutzen diese zur Weitergabe von Informationen und zu Marketingzwecken. Es ist eine einfache und schnelle Möglichkeit der Kommunikation mit den Kund*innen. Diese Idee kann gut als Klassen-Newsletter genutzt werden, zum Beispiel für Aktivitäten oder Informationen, die die Klasse betreffen (Klassenfahrt, Unterrichtsgänge usw.). Es können auch fachliche Newsletter gestaltet werden, die zu einem Thema hinführen, Aufgaben erläutern, Zusammenfassungen und Materialhinweise enthalten. Die Newsletter werden interaktiv gestaltet, das heißt beim Klicken auf einen Button oder Text werden die Leser*innen auf Internetseiten, PDFs oder Medien weitergeleitet. Zur Gestaltung von Newslettern bieten sich Schreib- oder Grafikprogramme (z. B. Word, Canva, Pages) an. PDF-Dokumente sind am besten zu handhaben. Aus Datenschutzgründen werden die Newsletter nicht wie üblich per E-Mail an die Lerngruppe verschickt, die aktuellen Informationen können auf anderen Wegen hinterlegt werden: in einer Cloud, auf der schulischen Lernplattform, auf einer digitalen Pinnwand oder in einem Messenger. Natürlich sollten ältere Schüler*innen (mit einer E-Mail-Adresse) oder Eltern den Newsletter auch abonnieren können.

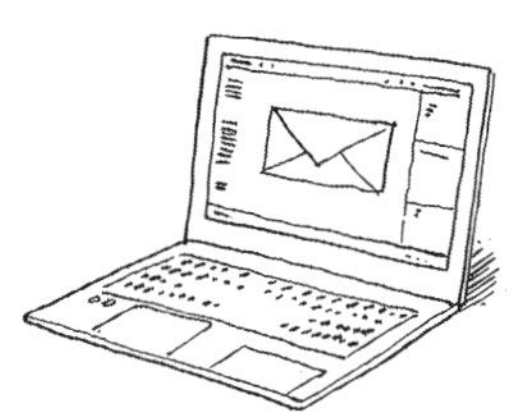

Videoproduktion

Manchmal ist es eine spannende und hilfreiche Idee, bei der Bearbeitung oder der Präsentation eines Themas ein richtiges Video mit einer Handlung oder eine Reportage zu drehen. Die Aufnahmen können die Schüler*innen mit der Kamera-App ihres Smartphones und einer entsprechenden Bearbeitungs-App unkompliziert umsetzen. Zum Bearbeiten und Schneiden der Videos (Computer, Tablet, Smartphone) bieten sich iMovie (iOS), VN Video Editor (*https://t1p.de/VNVideoEditor*), DaVinci Resolve (*https://t1p.de/DaVinciResolve*) oder KineMaster (iOS, Android) mit einer überschaubaren und leicht zu bedienenden Oberfläche an. Eine gute Planung ist grundlegend für die Qualität des Films. Bei einer projektorientierten Filmproduktion ist eine Arbeit in verschiedenen Teams sinnvoll: Technik, Regie, Drehbuch, Storyboard, Requisite usw. Die fertigen Filme werden in einem gängigen Format (AVI, MP4, MOV) abgespeichert und anschließend präsentiert. Sinnvoll ist, wenn der erste Prozess der Ideensuche und der Festlegung der Arbeitsschritte gemeinsam gestaltet wird.

50 bewährte Tipps für bessere Videos finden sich auf der folgenden Seite: *https://www.techsmith.de/blog/videotipps-bessere-videos/*. Tutorials zu den genannten Bearbeitungsprogrammen finden sich im Internet.

Bewertungskriterien bei Projektarbeiten

Beim Bewerten von selbstorganisierten Projektarbeiten mit entsprechenden Handlungsprodukten (Video, Comicstory, Stop-Motion-Film, Hip-Hop usw.) können vor allem kompetenzorientierte Kriterien hilfreich sein. Diese sollten bereits zu Beginn des Lernprozesses transparent gestaltet werden. Die Rückmeldungen erfolgen mit einzelnen Schüler*innen oder dem gesamten Team.
Drei Schwerpunkte könnten dabei möglich sein:

1. Inhalt: Ist die Auseinandersetzung mit dem Thema tiefgehend? Gibt es eigene Ideen, Gedanken und Fragen? Kommt das Wesentliche zum Ausdruck? Ist der Inhalt sachlich logisch und richtig?
2. Methode: Ist die kreative und handlungsorientierte Auseinandersetzung mit dem Thema originell, informativ und unterhaltsam? Ist die Gestaltung ansprechend (je nach Medium, Layout, passende Medien, Übersichtlichkeit)?
3. Präsentation: Hinführung zum Thema, inhaltliche Erläuterungen, freier Vortrag, Verständlichkeit, sprachlicher Ausdruck usw.

Die Kriterien sollten gemeinsam besprochen und eventuell erweitert und angepasst werden.

Gezeichnete Notizen mit Sketchnotes

Seit einigen Jahren erfreuen sich gezeichnete Notizen (Sketchnotes) großer Beliebtheit. Mit visuellen Bildelementen wie Texten, Rahmen, Pfeilen oder Symbolen werden Informationen anschaulich strukturiert. Durch die Kombination von Wörtern und Bildern können so Zusammenhänge anschaulich und verständlich dargestellt werden. Neben dem kreativen Prozess lassen sich gezeichnete Informationen besser im Gehirn verankern. Auch im schulischen Bereich können Sketchnotes von Schüler*innen und Lehrer*innen genutzt werden, um den Lernprozess lebendiger zu gestalten (Tafel, Whiteboard, Arbeitsblätter, Präsentationen). So können zum Beispiel Ideen gesammelt oder eine Unterrichtsstunde zusammengefasst werden. Jeder Mensch hat bereits zeichnerische Vorerfahrungen, wenn er To-do-Listen schreibt oder bei Telefonaten auf ein Stück Papier kritzelt.

Es geht beim Sketchnoting in erster Linie um Inhalte und nicht nur um die Fertigkeit des Zeichnens. Es ist ein Werkzeug, um sich mit Inhalten auseinanderzusetzen und die wirklich wichtigen Informationen (Ideen, Kernaussagen) festzuhalten. Um diese besondere Form der Visualisierung zu erlernen, muss man nicht zeichnen können. So geht es zunächst darum, einfache Symbole mit wenigen Strichen zu zeichnen und das Repertoire an Grafiken, Symbolen und Zeichen schrittweise zu erweitern und anzuwenden. Diesen Lernprozess des Sketchnote-Zeichnens kann eine Lerngruppe selbst organisieren und gemeinsam gehen. Vorlagen und konkrete Zeichenanleitungen finden sich im Internet und in entsprechenden Fachbüchern. Eine anregende Seite mit vielen Beispielen findet sich unter *https://sketchnotegame.wordpress.com/download-kartenspiel/.*

Texttheater

Grundlage für diese Methode ist ein Sachtext. Die Aufgabe besteht darin, mithilfe eines kleinen Theaterstücks die wesentlichen Aspekte des Textes zu verdeutlichen. Dazu werden mehrere Gruppen gebildet. Zunächst sammeln die Schüler*innen Ideen für eine Geschichte, die sie anschließend spielen. Dazu entwerfen die Gruppen ein kurzes Exposé der Handlung, in welchem vor allem die Hauptidee und das grobe Geschehen beschrieben werden. Es enthält keine Dialoge oder Einzelheiten, sondern skizziert lediglich die Hauptfiguren und die Grundlinie der Geschichte.
Anschließend werden die Ideen der Gruppen vorgestellt und die Lernenden einigen sich auf eine gemeinsame Handlung. Diese wird in vier Szenen aufgeteilt, die jeweils einen eigenen Schwerpunkt haben. Ein roter Faden sollte sich durch die gesamte Geschichte ziehen. Die einzelnen Szenen werden inhaltlich entfaltet und spielerisch umgesetzt.
Ein Regieteam hat die Aufgabe, die Arbeit der einzelnen Gruppen bis hin zur Aufführung zu koordinieren. Wenn alle Gruppen spielsicher sind, werden die einzelnen Szenen zu einer kompletten Geschichte zusammengefügt. Im weiteren Unterricht wird der Text mithilfe der gespielten Geschichte vertieft. Natürlich können auch andere Klassen zu einer Aufführung des Texttheaters eingeladen werden.

Pressekonferenz

Nach einer thematischen Auseinandersetzung zu einem Thema haben sich verschiedene Gruppen mit unterschiedlichen Aspekten auseinandergesetzt und Argumente gesucht und vertieft. Dabei können die Gruppen auch gegensätzliche Positionen vertreten. In einer inszenierten Pressekonferenz finden sich Vertreter*innen aus den einzelnen Gruppen in einem Podium zusammen. Die anderen Schüler*innen übernehmen die Rolle der Pressevertreter*innen. Ein*e Moderator*in leitet die Pressekonferenz. Zunächst präsentieren die Expert*innen ihre Inhalte und Positionen, die Journalist*innen stellen anschließend Fragen.

ABSCHLIESSEN & KOMPETENZEN VERTIEFEN

Nicht nur der Einstieg in den Unterricht ist eine wichtige Phase für Lehrende und Lernende, sondern auch das Ende einer Unterrichtsstunde. Die Schüler*innen sollten nicht abrupt mit dem Gong fluchtartig das Klassenzimmer verlassen. Der sinnvolle Unterrichtsabschluss hat im Rahmen eines Lernprozesses eine wichtige Bedeutung und sollte daher nicht unterschätzt werden. Das kann die Verabschiedung durch ein Ritual oder eine Zusammenfassung, Wiederholung oder Sicherung sein. Rückmeldungen mit unterschiedlichen Schwerpunkten zum Unterricht haben hier ebenfalls ihren Platz.

Verabschiedungsrituale

Für Klasse und Lehrkraft erhält der Unterrichtsabschluss durch unterschiedliche Rituale eine große Bedeutung. Ein kurzer Moment der gemeinsamen Stille und des Durchatmens (ca. eine Minute) setzt einen sinnvollen Schlusspunkt. Die Lehrkraft verabschiedet sich von den Lernenden mit einem Wunsch oder einem ermunternden Lob. Gemeinsam werden unterschiedliche Rituale entwickelt. Dabei sind Spiele, Musik, Challenges oder körperliche Aktivitäten sinnvoll. Bei jüngeren Schüler*innen sind Lieder durchaus beliebt.

Schlüsselbegriffe und Fragen

Das Gelernte wird am Ende der Stunde kurz wiederholt bzw. zusammengefasst. Dazu hat die Lehrkraft Karten mit Schlüsselbegriffen oder Fragen vorbereitet oder diese werden während der Unterrichtsstunde gesammelt. Wenn ein markanter Begriff auftaucht, notieren sich einzelne Lernende diese jeweils auf einer Karte. Einzelne Lerngruppen, die über einige Wochen bestehen und deren Zusammensetzung immer wieder wechselt, erhalten die vorbereiteten unterschiedlichen Karten und unterhalten sich über die Impulse. Es werden Fragen dazu gestellt oder Zusammenfassungen gemacht.

Fragerunde

Jede*r Schüler*in formuliert am Ende der Stunde Fragen zum behandelten Thema auf Karten. Dabei geht es nicht darum, ungeklärte Sachverhalte zu benennen, sondern alles, was im Lernprozess wichtig erscheint. Die Fragen sollten konzentriert überlegt und präzise formuliert sein. Dann werden die Karten eingesammelt, gemischt und an alle ausgeteilt. Die Antworten werden kurz und prägnant auf der Rückseite notiert. Die Fragen und Antworten werden zu Beginn der nächsten Stunde vorgetragen.

Kaffeefahrt

Die Schüler*innen stellen sich vor, sie sind auf einer Verkaufsfahrt, bei der unterschiedliche Waren durch eine*n Verkäufer*in angeboten werden. Diese*r redet natürlich immer wieder auf die Anwesenden ein und preist sein*ihr Produkt an, um zum Kauf zu animieren. Das Verkaufsprodukt ist in diesem Fall ein im Unterricht behandeltes Thema bzw. eine Fragestellung. Einzelne Schüler*innen können nacheinander die Rolle des*der Verkäufer*in übernehmen. Natürlich kann auch die Lehrkraft diese Rolle spielen. Die anderen Beteiligten stellen Fragen und versuchen, die Bedeutung des Themas zu hinterfragen. Theatralisches Spielen macht die Runde interessanter und spannender.

Stimmungslage

Auch am Ende einer Unterrichtsstunde ist es sinnvoll, dass die Lernenden Feedback zur Stunde geben oder ihre Befindlichkeit ausdrücken. Beides kann ohne größere Vorbereitung mithilfe von drei Smileys erfolgen:
☹ Mir geht es schlecht./Ich habe noch sehr viele Fragen zum Thema.
😐 Es geht so./Ich weiß noch nicht richtig.
☺ Ich fühle mich super./Ich habe heute alles gut verstanden.
Die Smileys sind auf Plakaten dargestellt und die Schüler*innen drücken mit einem Klebepunkt oder einem Strich ihre Stimmung aus. Das Ergebnis wird bei Bedarf zu Beginn der nächsten Stunde kurz reflektiert (z.B. „Warum war die Stimmung am Ende der letzten Stunde so schlecht?").

Denkzettel

Diese Abschlussmethode hilft dabei, den Lernprozess zu sichern. Dazu notieren die Schüler*innen die wesentlichen Erkenntnisse der Unterrichtsstunde auf bereitgelegten „Denkzetteln" in Form einer Frage oder Aussage. Die Ergebnisse dienen als Einstieg in der Folgestunde. Ein von der Lehrkraft verfasster Denkzettel kann die Lernenden aber auch zum Weiterdenken anregen. Solche Denkzettel sind als eine Art Lerntagebuch möglich.

Minibuch

Die Lernenden erstellen zu Hause ein Minibuch, in dem sie die wesentlichen Erkenntnisse oder die wichtigsten Fakten der Unterrichtsstunde festhalten. Eine Faltanleitung findet sich unter *https://www.minibooks.ch/*. Zu Beginn der nächsten Stunde werden die Büchlein untereinander ausgetauscht und gelesen. Sie können an einem für alle Lernenden zugänglichen Ort im Klassenraum platziert und immer wieder angeschaut werden und so eine Lernhilfe bieten.

Podcast

Ergebnisprotokolle bieten eine gute Möglichkeit, ein Unterrichtsthema immer wieder nachzulesen bzw. sich auf eine Prüfung vorzubereiten. Eine digitale Variante bieten Podcasts. Dabei fassen die Lernenden abwechselnd die Unterrichtsstunde in einem Audiobeitrag zusammen. Die Beiträge können immer wieder orts- und zeitunabhängig angehört werden. Jedes Smartphone bietet mithilfe von Apps vielfältige Aufnahmemöglichkeiten. Auf einer virtuellen Pinnwand (z. B. TaskCards) werden die Beiträge eingestellt und gesammelt. Die Audiosammlung wird immer wieder ergänzt und erweitert. Eine Variante bei kontroversen Themen besteht darin, dass einzelne Schüler*innen eine Art Streitgespräch zum Thema führen und dabei unterschiedliche Argumente der Unterrichtsstunde zusammenfassen.

Feedback mit Satzanfängen

Es werden einzelne Blätter mit Satzanfängen ausgelegt (z. B. „Gut fand ich heute ...“/„Das habe ich nicht verstanden ...“/„Anstrengend war ...“/„Es war spannend ...“/„Es fehlte ...“/„Ich wünsche mir ...“). Die Lernenden können auswählen, welche Sätze sie ergänzen wollen. Die digitale Variante (z. B. mit Flinga unter *https://flinga.fi*) bietet vor der Formulierung mehr Zeit zum Nachdenken. Anschließend werden die Ergebnisse von der Lehrkraft oder gemeinsam ausgewertet.

Wortwolken

Wortwolken sind Grafiken, die anschaulich Begriffe in verschiedenen Farben und Formen anordnen. Die Methode kann bei der Reflexion einer Unterrichtsstunde hilfreich sein. Zum Erstellen wird das digitale Tool *https://www.mentimeter.com* genutzt. Die Lehrkraft erstellt dazu eine Vorlage mit der entsprechenden Aufgabenstellung („Beschreibe den heutigen Unterricht mit drei Wörtern!“). Auf der Seite *https://www.menti.com/* tragen die Schüler*innen nach Eingabe des Codes ihre Wörter ein und nach und nach entsteht eine Wortwolke mit den eingegebenen Wörtern. Es ist auch möglich, Sätze zu formulieren.

Fünf-Finger-Methode

Bei dieser Reflexionsmethode bieten die fünf Finger jeweils eine vorgegebene Formulierung:

Daumen: Das fand ich heute super!
Zeigefinger: Dazu habe ich noch eine Frage oder einen Hinweis!
Mittelfinger: Das hat mich heute geärgert!
Ringfinger: Das hat mich heute emotional berührt!
Kleiner Finger: Das ist heute zu kurz gekommen!

Die Lernenden zeichnen die Umrisse einer Hand auf ein Blatt Papier und notieren ihr Feedback zu den einzelnen Fingern. Die Ergebnisse werden aufgehängt oder als digitale Version zugänglich gemacht.

Was uns wichtig ist!

Am Ende einer Unterrichtsstunde oder -reihe ist es hilfreich, einen Blick auf die Klassengemeinschaft zu richten. Dazu haben die Lernenden ein Kartenset mit wichtigen Werten entwickelt und gestaltet, das immer wieder genutzt wird. Je nach Zeitansatz werden Wertekarten gezogen und die Begriffe bzw. Werte in Bezug auf die Klasse reflektiert. Solche Werte sind zum Beispiel: Pünktlichkeit, Spaß, Ordnung, Zuverlässigkeit, Wohlbefinden, Respekt, Hilfsbereitschaft. Einzelne Schüler*innen ziehen jeweils eine Karte und geben ihre persönliche Rückmeldung zur Bedeutung des Wertes in der letzten Zeit. Dabei kann außerdem reflektiert werden, wie sich einzelne Werte im Laufe des Schuljahres im positiven oder negativen Sinne verändert haben.

Portfolio

Die Schüler*innen werden im Laufe einer Unterrichtsreihe mit vielen Inhalten, Methoden, Ergebnissen, eigenen Texten, Recherchen und Überlegungen konfrontiert. Um diese festzuhalten und den Lernweg zu dokumentieren, bietet ein Portfolio ein gutes Entwicklungsinstrument. Die Sammlung sollte ansprechend, überschaubar und gut strukturiert sein, denn es geht darum, Lernfortschritte und Kompetenzentwicklungen festzuhalten und zu reflektieren. Wie das Produkt gestaltet wird, bleibt den Lernenden selbst überlassen. Das kann in einem analogen (z. B. Buch, Zeitung) oder digitalen Format (z. B. E-Book, Lernpfad) umgesetzt werden.

Chillout

Eine Unterrichtsstunde kann anstrengend, hektisch und laut sein. Es ist nicht gut, wenn sie auch so endet. Daher erscheint es sinnvoll, vor allem solche unruhigen Stunden ruhig und still abzuschließen. Es genügen zwei Minuten, in denen alle still sind, ruhig durchatmen und vielleicht sogar die Augen schließen. Eine solche wohltuende Ruhezeit muss allerdings eingeübt werden. Sie kann zu einem hilfreichen Ritual werden. Nicht alle Lernenden können Stille ertragen und gehen unterschiedlich damit um. Daher ist ein behutsames und einfühlsames Einüben sinnvoll.

Fotoprotokoll

Das Smartphone ist ein hilfreiches Instrument zur Visualisierung des Lernweges und der Dokumentation der Unterrichtsprodukte. Eine Redaktion hat dabei die Aufgabe, eine komplette Unterrichtsreihe mit den unterschiedlichsten Unterrichtsprodukten (Tafelanschrieb, Texte, Bilder, Illustrationen, Stellwände usw.) auf Fotos (oder Videos) festzuhalten. Alle Produkte werden in einem E-Book oder in einer PDF zusammengestellt oder in einer Cloud abgelegt, auf die alle Schüler*innen Zugriff haben. Natürlich sollte die Möglichkeit bestehen, dass jede*r Schüler*in ein eigenes Fotoprotokoll anlegt.

Wissenspool

Die Lehrkraft legt eine Datenbank zur Unterrichtsreihe an, auf die alle Schüler*innen jederzeit zugreifen können. Das kann zum Beispiel eine Cloud oder eine Pinnwand in TaskCards (*https://www.taskcards.de*) sein. Der Wissenspool ist eine Material- und Mediensammlung, die im Unterricht genutzt wird, aber auch weiterführende Inhalte und Tipps (Fachartikel, Aufgaben und Übungen, Internetquellen, YouTube-Videos usw.) enthält. Die Schüler*innen können den Wissenspool zum selbstständigen Erarbeiten nutzen. Natürlich sollten auch die Lernenden die Möglichkeit haben, eigene Lernprodukte und Materialien einzustellen. In TaskCards ist durch eine individuelle Rechtevergabe eine differenzierte Unterstützung möglich. So können die Schüler*innen eigene Lerntagebücher einstellen, die nur für die Lehrkraft zugänglich sind.
Bei diesem Lernwerkzeug „Wissenspool" ist eine gute Anleitung und Lernbegleitung grundlegend, damit die Lernenden sinnvoll damit arbeiten können. Der Wissenspool kann ebenfalls in Form einer „Lerntheke" gestaltet werden. Dabei sind die Lernmaterialien nach Schwierigkeitsgraden (mit Farben) geordnet. Die Schüler*innen legen die Reihenfolge selbst fest.

Gesprochenes Feedback

Es muss nicht immer der Rotstift sein, mit dessen Hilfe Schüler*innen schriftliches Feedback erhalten. Es gibt ansprechende und auch einfache Möglichkeiten eines

Audiofeedbacks. Ein entsprechendes digitales Werkzeug heißt QWIQR (*https://qwiqr.education*) und steht online zur Verfügung. Zunächst erstellt die Lehrkraft ein Konto. Um QR-Codes zu generieren, werden unter dem Menü „Print QR-Code Stickers" zunächst QR-Codes gedruckt. Der erste Code wird gescannt. Der angezeigte Link wird ausgewählt. Unter „Record QWIQR" wird durch Drücken auf das Mikrofonsymbol die Audioaufnahme mit dem Feedback erstellt. Die einzelnen Schüler*innen erhalten jeweils einen aufgeklebten QR-Code (im Internet finden sich passende Mini-Drucker). Sie können diesen mit dem Smartphone oder Tablet zu Hause einscannen und sich das gesprochene Feedback anhören. Neben dem Audiofeedback kann ein Text oder ein Bild eingesetzt werden.

Diese Rückmeldung ist nicht nur für die Schüler*innen sehr individuell und persönlich, auch den Lehrkräften bietet sich eine schöne Abwechslung in ihrem Korrekturalltag.

Eigene Kreuzworträtsel erstellen

Die Schüler*innen gestalten eigene Kreuzworträtsel am Ende einer Unterrichtsstunde oder -reihe, um das Erlernte zu wiederholen und zu sichern. Das kann zum Beispiel mithilfe eines digitalen Kreuzworträtsel-Generators (*https://www.xwords-generator.de/de*) schnell und einfach umgesetzt werden. Dazu werden zunächst Fragen und Antworten zum behandelten Thema gesammelt. Diese werden in die vorgegebenen Spalten eingetragen. Die einzelnen Kreuzworträtsel werden in Einzel- oder Partner*innenarbeit generiert. Mit einem Klick auf „Rätsel generieren" entsteht ein fertiges Kreuzworträtsel. Dieses kann dann exportiert (PNG oder SVG) und ausgedruckt werden. Die Kreuzworträtsel werden in der Klasse ausgelegt und jede*r Schüler*in hat die Möglichkeit, das Thema zu wiederholen und zu vertiefen. Die Lösungen zu den einzelnen Rätseln werden erst nach dem Ausfüllen ausgelegt.

Schnelles Feedback online

Das digitale Tool BitteFeedback (*https://www.bittefeedback.de*) bietet die Möglichkeit eines schnellen und unkomplizierten Feedbacks. Dazu ist keine Anmeldung notwendig und persönliche Daten werden nicht preisgegeben. Der erstellte Feedbackbogen kann per Link oder QR-Code mit den Schüler*innen geteilt werden. Nach Festlegung eines Codes und der Eingabe des Feedbacknamens können die Feedbackfragen eingegeben werden. Es wird festgelegt, ob die Feedbackgeber*innen Sterne vergeben oder einen Text eingeben können. Anschließend wird der Fragebogen automatisch erstellt. In einem weiteren Schritt werden der Code für das Feedbackformular und der Link zu den Ergebnissen angezeigt. Die Schüler*innen tragen den Code auf der Startseite ein und füllen den Fragebogen anschließend aus. Die Ergebnisse werden anschaulich dargestellt. Also: Smartphones raus und loslegen!

Breakout

Ziel eines Breakouts ist es, in Teamarbeit innerhalb einer bestimmten Zeit Rätsel und Aufgaben zu lösen. Es geht um logisches Denken und das gemeinsame Lösen von Problemen. Im Mittelpunkt steht eine verschlossene Schatzkiste. Die unterschiedlichen Schlösser sollen innerhalb einer vorgegebenen Zeit geöffnet werden. Dazu sollen die Schüler*innen digitale Aufgaben, Rätsel und Hinweise finden, um die Zahlenkombination zum Öffnen der Schlösser herauszufinden. Zunächst werden zwei Gruppen gebildet, die jeweils eine Schatzkiste mit zehn Schlössern erhalten. Das Breakout kann in eine spannende Geschichte eingebettet sein, zum Beispiel eine Videobotschaft oder ein Brief. Die Aufgaben werden in einem QR-Code zusammengefasst. Das sind unterschiedliche Formate: Lückentext, Suchsel, Kreuzworträtsel, Puzzle, Rätsel usw.

Beide Gruppen beginnen gleichzeitig mit dem Lösen der Aufgaben innerhalb einer bestimmten Zeit, um dann die Schatzkiste zu öffnen. Die Gruppen müssen Strategien entwickeln, um möglichst schnell ans Ziel zu gelangen. Am Ende werden schließlich die Aufgaben und Lösungen nochmals besprochen. Wenn es sinnvoll erscheint, beschäftigen sich die Rätsel mit einem Unterrichtsthema, um eine spielerische Wiederholung und Vertiefung zu gestalten.

Gefragt – Gejagt

Die vorliegende spielerische Wiederholung eines Unterrichtsthemas orientiert sich an dem Fernsehquiz „Gefragt – Gejagt". Dabei tritt ein Rateteam von vier Kandidat*innen gegen eine*n allwissende*n „Jäger*in" an. Es handelt sich dabei um Quizprofis, die professionell an Quizwettbewerben teilnehmen.
Wird das Quiz im Unterricht gespielt, werden zunächst zwei Spielgruppen gebildet und die Lehrkraft übernimmt die Rolle des Quizmasters. In einer ersten Runde muss ein*e Spieler*in aus jeder Gruppe innerhalb einer Minute möglichst viele Fragen beantworten. Richtig beantwortete Fragen werden mit zehn Punkten belohnt. In der zweiten Runde muss die Gruppe die erspielten Punkte gegen den*die Jäger*in verteidigen. Das ganze Team darf die Fragen beantworten. Zur Durchführung wird ein Spielfeld mit sieben Feldern und einem roten Stein benötigt. Das Team schiebt den roten Stein mit jeder richtigen Antwort auf dem Feld vor sich her. Der*die Jäger*in muss den roten Stein einholen. Der*die Moderator*in stellt jedem Team dieselben Fragen mit Antwortmöglichkeiten und gibt verdeckt die Antworten preis. Bei richtiger Antwort rückt das Team vor, bei falscher bleibt es auf dem Feld stehen. Der*die Gewinner*in erhält 50 Punkte. In der letzten Runde muss das gesamte Team die Fragen beantworten. Für jede richtige Antwort gibt es zehn Punkte. Die Fragen der Teams sind unterschiedlich. Bei einer Variante wird die Lehrkraft zur Jägerin und die Klasse tritt gegen sie an.

Falschmeldungen

Die Schüler*innen produzieren kurze Podcasts, in denen sie die wichtigsten Informationen aus dem vergangenen Unterricht zusammenstellen. Dabei werden die Texte mit falschen Informationen gefüttert. Die anderen hören sich die Podcasts an und sollen dabei herausfinden, was falsch dargestellt wurde. Dazu machen sie sich Notizen. Die einzelnen Audioaufnahmen können für alle zugänglich auf eine digitale Pinnwand (z. B. TaskCards) gestellt werden. Dazu erhalten alle Schüler*innen einen Zugang mit Schreibrecht. Die Korrekturen werden online durch die Kommentarfunktion oder im Präsenzunterricht live vorgenommen. Es ist unkomplizierter, wenn der Text zuerst geschrieben und dann eingesprochen wird. Zur Aufnahme kann eine Aufnahme-App auf dem Handy genutzt werden.

Wiederholung als Gameshow

Ein schönes Tool, mit dessen Hilfe man Wiederholungen im Unterricht im Stile der Gameshow Jeopardy! inszenieren kann, findet sich auf der Seite *https://www.playfactile.com*. Es gibt bereits fertige Spiele für viele Fächer (Englisch, Erdkunde, Geschichte, Mathematik, Musik usw.).
Die Schüler*innen erstellen persönliche Avatare und legen durch Auswahl der Geldbeträge den Schwierigkeitsgrad fest (Differenzierung möglich). Es können Fragen aus verschiedenen Kategorien zusammengestellt werden. Manche Lerngruppen lieben Wettkämpfe und so wird mit dem digitalen Tool mit mehreren Gruppen, die gegeneinander spielen, gelernt. Das Quiz kann auf die Lerngruppe angepasst werden, indem eigene thematische Spiele kreiert werden. In der kostenlosen Version können drei eigene Jeopardy-Spiele erstellt werden. Dazu werden verschiedene Kategorien und Fragen in verschiedenen Niveaustufen festgelegt, insgesamt 25 Fragen in fünf Kategorien. Die Lehrkraft kann gezielt Fragen stellen und dabei das Lernen interessant gestalten. Die Einsatzmöglichkeiten im Unterricht sind vielfältig. So kann das Tool neben der Wiederholung eines Themas auch zum Spaß gespielt werden. Weitere interessante digitale Tools zur abwechslungsreichen Gestaltung von Wiederholungen sind Kahoot! (*https://kahoot.com*), Plickers (*https://get.plickers.com*) und QuizAcademy (*https://quizacademy.de*).

Klassenwürfel

Die Schüler*innen stellen selbst einen großen Würfel aus festem Material her. Es eignet sich auch ein fertiger Würfel aus verschiedenem Material (z. B. Schaumstoff oder Holz). Auf jeder Seite findet sich eine Hülle, die mit unterschiedlichen Impulsen oder Fragen gefüllt werden kann. Bei einem Feedbackwürfel steht zum Beispiel auf den sechs Seiten: Das war heute gut! Das hat mir bei diesem Thema gefehlt! So habe ich mich heute gefühlt! Das erwarte ich mir das nächste Mal! Das habe ich heute gelernt! Mein Impuls an die Klasse!
Die Seiten können beim Feedback auch mit Satzanfängen, Bildern, Symbolen oder

Smileys beschriftet werden. Die aktivierende Würfelmethode wird in den unterschiedlichsten Unterrichtsphasen genutzt, etwa beim Kennenlernen oder zum Wiederholen. Der Würfel kann aus Zahlen bestehen, denen unterschiedliche Impulse oder Fragen zugeordnet werden. Nach und nach entsteht ein Kartenset, das immer wieder erweitert wird.